JonaMo

Liebes-Botschaften deiner Seele

Ein Kurs in Selbstliebe

epubli

Impressum

Druck und Verlag: epubli GmbH, Berlin, www.epubli.de

ISBN 978-3-8442-8769-1

Printed in Germany

Bibliografische Information der Deutschen Nationalbibliothek

Die Deutsche Nationalbibliothek verzeichnet diese Publikation in der Deutschen Nationalbibliografie; detaillierte bibliografische Daten sind im Internet über http://dnb.d-nb.de abrufbar.

Dieses Buch ist eine Erinnerung für alle Menschen,
die vergessen haben, dass sie Engel sind,
die nur für eine Weile ihre Flügel verloren haben.

JonaMo

Inhalt

Was dieses Buch dir geben kann

Du hältst ein Buch in Händen, das sehr viel mehr ist als nur Lesestoff für deinen Verstand. Es ist Seelennahrung, die du mit deinem Herzen in dich aufnehmen kannst … und gleichzeitig ein sehr wirkungsvoller, transformierender Kurs für deine Selbstliebe. In den einzelnen Botschaften spricht buchstäblich deine Seele zu dir. Auf eine liebevolle und Mut machende Weise erinnert sie dich daran, wer du wirklich bist und was dein Erdendasein tatsächlich bedeutet.

Jede einzelne Botschaft lädt dich mit einer kleinen Übung zum Mitmachen ein und führt dich dabei Schritt für Schritt in die Liebe deines Herzens … zu dir. Dieses Buch kann dir ein hilfreicher, liebevoller Begleiter auf deinem Weg zu dir selbst sein. Vor allem in Zeiten, in denen du dich sehr einsam fühlst, weil niemand dich wirklich versteht. Deine Seele wird dich immer verstehen.

Im 4. Teil findest du zu jeder Botschaft ergänzend eine Atemreise. Sie kann dich wunderbar auf sanfte Weise in deinen Prozessen unterstützen. Die größte Wirkung wirst du erfahren, wenn du dir für jede einzelne Botschaft mindestens eine ganze Woche Zeit nimmst und sie beginnst zu leben – mitten in deinem Alltag.

Lass dich beim Lesen liebevoll von deiner Seele berühren. Nimm dir Zeit, jede einzelne Botschaft in deinem Herzen zu fühlen und sie tief in dich aufzunehmen. Diese Botschaften möchten die Liebe in dir selbst wieder wecken und dir sagen:

Du bist unendlich wertvoll. Du bist einzigartig, großartig, und du bist richtig, genau so wie du bist. Gerade dafür wirst du von deiner Seele geliebt! Schenke dir nun selbst all deine Liebe, die in deinem Herzen wohnt. Du hast es verdient!

♥ Schön, dass es DICH gibt! ♥

Wie die Liebes-Botschaften entstanden sind

An dieser Stelle möchte ich allen Teilnehmern der Selbstliebe-Onlinekurse danken, denn nur mit ihnen gemeinsam konnten diese Botschaften entstehen. Sie wurden ebenso in der Verbindung mit meiner Seele geschrieben wie die Monatsbotschaften.

Als ich damals zu Beginn des Kurses die 1. Liebesbotschaft schrieb, wusste ich noch nicht, was daraus entsteht. Da ich meiner Seele inzwischen ausnahmslos vertraue, wusste ich jedoch, dass es gut wird, und ließ mich auf ihre Inspiration ein.

Das Ergebnis war besser als nur gut, es war phänomenal. Zu Beginn jeder neuen Woche schrieb ich eine weitere Botschaft und war immer wieder erstaunt, wie perfekt sie aufeinander abgestimmt waren. Mein Verstand hätte das niemals so genial hinbekommen.

Gerne erzähle ich dir hier etwas genauer, wie diese und andere Botschaften durch mich entstehen. Es ist ähnlich, als würde ich mit jemandem telefonieren, hier allerdings mit meiner Seele. Ich rufe sie an – ganz einfach mit meiner Absicht – und mach mich dann frei von allen Gedanken. Es kann sein, dass ich 5 oder 10 Minuten still dasitze, bis sie sich meldet. Und wenn dann die Verbindung da ist, geschieht etwas Wunderbares. Ich sehe die Welt anders als vorher … umfassender, mehr aus einer Gesamtsicht ohne jegliche Wertung. Es ist nicht so einfach in Worte zu kleiden, was ich dabei fühle.

Wenn ich mit bestimmten Menschen arbeite, so wie es auch hier in diesem Kurs war, verbinde ich mich auf der Herzensebene und auch auf der Seelenebene mit ihnen. Und dann lass ich einfach meine Seele durch mich schreiben. Es ist immer wieder fantastisch, was dabei herauskommt.

Ganz ehrlich, vom Verstand wäre ich nie auf die Idee gekommen, diesen Kurs als Buch herauszubringen. Es war eine Eingebung meiner Seele, dies jetzt zu tun, damit so viele Menschen wie möglich ihre wahre Identität leben – auch du. Fühle dich also ganz bewusst persönlich angesprochen … von deiner Seele. Beim Schreiben stand ich ganz sicher in Verbindung mit ihr. Sonst würdest du dieses Buch jetzt nicht lesen.

Wenn dich das Wort Gott oder göttlich stören sollte, kannst du es gerne nach deinem Verständnis ersetzen. Es hat keine Bedeutung, welches Wort du dafür verwendest. Der Quelle in uns allen … Gott … Alles-Was-ist … oder der Urkraft in uns ist es egal, wie du sie nennst. Du bist … weil *Es* ist.

Und nun lass dich begleiten von deiner Seele … in die Liebe zu dir selbst.

TEIL 1 - WILLKOMMEN IM LEBEN!

Zuerst einmal geht es darum, dass du hier auf der Erde freudig begrüßt und willkommen geheißen wirst. Erst mit diesem Willkommen wirst du in deinem Leben und in deinem Körper richtig ankommen können.

Mal ehrlich, wer von uns fühlt sich hier schon willkommen? Viel zu oft haben wir doch eher das Gegenteil davon erfahren. Wir waren irgendjemandem im Weg, vor allem dann, wenn wir unseren Willen äußerten. Und das ist bei vielen von uns bis heute so geblieben.

In den ersten sechs Botschaften wirst du sehr schöne und bewegende Erfahrungen machen, die für dich ganz neu sein könnten. Du wirst die Liebe deiner Seele spüren, und du wirst buchstäblich noch einmal geboren. Bei dieser Geburt wirst du jetzt freudig empfangen … von dir selbst und deiner Seele. Genieße dieses Erlebnis ganz bewusst. Es ist der Boden, auf dem die Liebe zu dir selbst wachsen kann.

Du wirst auch etwas mehr zu deinem Seelenplan erfahren und über deine verschiedenen Seelenanteile.

Du bekommst hier einfache Möglichkeiten an die Hand, wie du inneren Frieden findest – mit dir und deinen Mitspielern. Nimm dir die Zeit, die du dafür brauchst. Es lohnt sich!

Das Kind in dir wird völlig neue Erfahrungen machen und dich von jetzt ab in deinem Leben begleiten. Dadurch können viele seiner Verletzungen heilen und dein Leben freier und leichter machen.

Genieße nun jede einzelne Botschaft und lass dich von deiner Seele in Liebe führen.

♥ 1. Botschaft:

Schön, dass du da bist!

Geliebtes Menschenwesen,

du fühlst dich klein, hilflos und vor allem ... sehr allein. Du weißt nicht, warum du hier bist, wer dich vielleicht sogar hier ausgesetzt hat ... ja, du denkst sogar manchmal, dieses Leben auf der Erde sei eine Art Straflager, in dem du für furchtbare Taten, die du begangen hast, büßen musst. Du meinst, du musst durchhalten, um am Ende sagen zu können: Ich habe es geschafft, ich habe mir eine Belohnung verdient ... den Himmel.

Geliebtes Menschenwesen, diese Belohnung, die du dir ersehnst, dieses Ziel, das du erreichen willst, ist dir so nah. Dieses Ziel ... bist DU SELBST. Es ist nicht irgendwo da draußen, in den Weiten des Universums.

Es gibt keinen Himmel, den du irgendwann betreten darfst, wenn du genügend gute Taten begangen hast. Dieser Himmel ist direkt vor dir ... er ist bereits hier und nur einen Atemzug entfernt.

Der einzige Grund, warum du dies nicht sehen ... nicht annehmen kannst, ist: Du bist hier noch gar nicht angekommen. Du hast diese Welt betreten, und im gleichen Moment hast du gelernt zu funktionieren ... jedoch nicht wahrhaftig zu LEBEN. Niemand hat dir gezeigt oder gesagt, wie wunderbar und einzigartig dieses Leben auf der Erde sein kann...

Geliebtes Menschenwesen, als du die Wahl getroffen hast, in einem Körper das Leben auf der Erde zu erfahren, wolltest du vor allem eins: dich mit allen Sinnen **spüren**. Dafür hast du dich in dieses Spiel begeben, mit vorher ausgesuchten Mitspielern, um deine gesamte Erfahrungskette zu vollenden.

Du wusstest, dass du in diesem Leben völlig neue Erfahrungen machen kannst ... du wusstest, dass es jetzt in dieser Zeit möglich sein würde, dich in einem Körper wieder zu erinnern, wer du in Wahrheit bist. Du wusstest, dass du deine vergessenen Fähigkeiten jetzt auch in der Begrenzung aktivieren kannst. Du wusstest, dass ein neues Spiel auf der Erde beginnt und dass DU ein wesentlicher Teil davon bist.

Ja, all das wusstest du ... und doch hast du es vollkommen vergessen. Du hast vielmehr anderen Mitspielern geglaubt, bist so sehr in ihr Spiel eingestiegen, dass du dich nun gefangen fühlst ... unerwünscht ... überflüssig ... und sehr, sehr einsam.

Geliebtes Menschenwesen, hör nun gut zu!

Niemals warst du wirklich einsam. Es gab keinen einzigen Moment, in dem ICH nicht bei dir war. Und es gab keinen Moment, in dem du nicht von unzähligen Engelwesen dafür geehrt wurdest, dass du diesen mutigen Schritt gewagt hast ...

den Schritt ins Vergessen ... den Schritt, dich in die Begrenzung eines menschlichen Körpers, eines menschlichen Engels zu begeben, der sogar seine Herkunft vergisst.

Es ist nun an der Zeit, dass du hier in diesem Leben wahrhaftig willkommen geheißen und mit Freuden begrüßt wirst – so wie es für einen menschlichen Engel angemessen ist. Es ist an der Zeit, ganz und gar hier anzukommen und ... wahrhaftig zu LEBEN. Ja, es ist an der Zeit, DICH und das Leben wahrhaftig zu feiern.

Deine Ankunft hier auf der Erde hatte einen ganz besonderen Sinn. Auch wenn es dir gerade überhaupt nicht so erscheint, du hast dir dieses Leben aus einem ganz bestimmten Grund gewählt. Du bist hier, um es ganz bewusst zu leben und zu genießen ... dich selbst mit deiner gesamten Energie in diese Welt einzubringen. Das, geliebter Menschenengel, ist dein eigenes Geschenk an dich! Ja, in der Tat, du hast dir damit sogar das allergrößte Geschenk gemacht, das es überhaupt gibt.

Kannst du nun beginnen, dich selbst dafür zu ehren, dass du hier bist? Kannst du dich selbst hier ebenfalls willkommen heißen?

Liebes Menschenwesen, du bist ein Teil des Planeten geworden, auf dem du lebst – ein Teil von Gaia. Auch Gaia ist ein Wesen, genau wie du. Wenn du deinen Körper betrachtest und die Dinge, die du anfassen und sehen kannst ... all das gehört zu diesem wundervollen Planeten. All das IST dieser Planet. Und du bist zu einem Teil davon geworden. Du hast dir selbst dieses Geschenk gemacht, nicht nur Gaia zu besuchen, sondern sie durch dich zu bereichern ... zu spüren und mit allen Sinnen zu erleben.

Gaia, dieser wundervolle Planet, lässt dich jetzt – in diesem Moment – voller Dankbarkeit und Freude spüren, dass du eins mit ihr bist. Nimm einen tiefen Atemzug und spüre dabei diese Verbindung ... zu allem was du gerade wahrnehmen kannst, was dich umgibt: der Boden unter deinen Füßen, die Dinge, die dich umgeben, die Menschen ... einfach Alles. All das ist nicht getrennt von dir, denn Alles ist immer mit Allem verbunden.

Du bringst mit jedem einzelnen Atemzug deine ganz und gar einmalige Engelenergie hier herunter. Mehr noch, jeder Atemzug von dir bringt in der Tat den Himmel auf die Erde. Ganz gleich, ob du dir dessen bewusst bist oder nicht. Kannst du wirklich ermessen, was das bedeutet? Kannst du wirklich ermessen, welch großes Geschenk es ist, ein Teil von Gaia zu sein ... und vor allem DEINE ganz einzigartigen energetischen Spuren hier zu hinterlassen?

Nichts ist mehr wie vorher, wenn ein Engel sich mit Gaia verbindet und ein Teil von ihr wird. In diesem Moment kommt immer auch ein Stück vom Himmel auf die Erde. Ebenso ist dieses Stück Himmel durch dich hierher gekommen und verändert einfach Alles.

Nichts ist mehr wie vorher, seitdem du diese Erde betreten hast. Du hast nicht nur die Energie von Gaia verändert, sondern das Leben unzähliger anderer Menschen, die mit dir in Berührung gekommen sind oder es noch werden. Ganz gleich was du tust oder sagst, wie du dich gerade fühlst oder aussiehst … es ist deine Anwesenheit, die zählt und die eine bedeutende Veränderung bewirkt – für Alles was ist.

Bist du bereit, nun hier auf der Erde wirklich vollständig anzukommen? Bist du bereit, ganz bewusst ein Teil von Gaia zu sein und voller Freude und Dankbarkeit mit ihren Energien zu spielen? Ich heiße dich aus dem Herzen der Quelle, zusammen mit Gaia, in diesem Moment willkommen in einem wunderbaren göttlichen Spiel, das wir von nun an ganz bewusst gemeinsam spielen.

Beginne damit, Alles um dich herum **bewusst** wahrzunehmen!

Begrüße als erstes deinen Körper, nimm ihn wahr, berühre ihn. Er ist etwas sehr Kostbares, denn er trägt deine wunderbare, einzigartige Essenz. In jeder seiner Zellen wohnt ein Teil deiner Seele. Darum schenke ihm sehr viel Aufmerksamkeit und Liebe. Niemand sonst kann dies genauso tun wie du! Niemand kann das Gleiche spüren und empfinden, was du gerade spürst!

Es ist nicht wichtig, wie andere dich sehen ... oder ob du anderen willkommen bist. Es ist ganz allein nur wichtig, dass du dich selbst wahrnimmst und beginnst, dich sehr gut zu behandeln. Erst dann wirst du dies auch in deiner Umwelt wahrnehmen können. Erst dann kannst du wahrhaftig vollständig auf der Erde ankommen und Teil von ihr sein – in einem wunderbaren und einzigartigen Spiel … in **deinem** Spiel.

Dies sagt dir heute voller Freude, dass du da bist…

In Liebe … deine Seele

Übung zur 1. Botschaft:

Beginne damit, Alles um dich herum **bewusst** *wahrzunehmen! Begrüße als erstes deinen Körper, nimm ihn wahr, berühre ihn. Er ist etwas sehr Kostbares, denn er trägt deine wunderbare, einzigartige Essenz. In jeder seiner Zellen wohnt ein Teil deiner Seele. Darum schenke ihm sehr viel Aufmerksamkeit und Liebe. Niemand sonst kann dies genauso tun wie du! Niemand kann das Gleiche spüren und empfinden, was du gerade spürst!*

♥

Vielleicht hast du deinen Körper eher als lästig empfunden oder sogar als hinderlich, vor allem wenn er dir Schmerzen bereitet hat. Mach dir bewusst, dass er dein Seelengefährt hier auf der Erde ist und in diesem Leben nicht ausgetauscht werden kann. Dein Körper hat es verdient, dass du ihm deine Liebe und Aufmerksamkeit schenkst, ihn zuerst einmal bewusst wahrnimmst. Tu es mit allen Sinnen!

Dinge in deinem Umfeld bewusst wahrzunehmen, wird dir buchstäblich eine neue Welt eröffnen. Du wirst beginnen, sie mit anderen Augen zu sehen und ihre unterschiedlichen Energien zu fühlen.

Nimm dir genügend Zeit dafür. Es lohnt sich.

♥ 2. Botschaft:

Der vergessene Seelenplan

Geliebtes Menschenwesen,

sieh dich um. All das, was du wahrnehmen ... was du sehen kannst, ist deshalb genau **so** da, weil **du** da bist. All die Dinge, die Umstände in deinem Leben, dein Zuhause ... du hast sie auf einzigartige Weise miterschaffen und sie haben wiederum deine Erfahrungswelt geprägt. Nichts davon ist zufällig hier, nichts von all dem wäre genauso, wenn es **dich** nicht gäbe.

Wenn du nun glaubst, dass du ja vieles falsch gemacht hättest, oder wenn du gar etwas in deinem Leben bereust, dann sage ich dir: Alles war genau so in deinem Seelenplan. Du hast auf der Seelenebene dieses Erdenspiel gewählt, um jetzt – in diesem Leben – die Erfahrungskette zu vollenden und gleichzeitig das gesamte Spiel zu verändern.

Ja, du wusstest sehr genau, bevor du hierher kamst und alles vergessen hast, dass es eine besondere, eine neue Erfahrung wird. Du wusstest, dass du durch Phasen tiefster Traurigkeit hindurchgehen wirst ... dass es Zeiten geben würde, in denen du so tief ins Vergessen gehst, dass du dich sehr klein und hilflos fühlst. Du wusstest dies, und trotzdem hast du dich entschieden, genau jetzt hier zu sein.

Du magst nun fragen, warum du das getan hast? Du magst verwirrt sein, wie du solch eine Entscheidung treffen konntest. Auch wenn du es nicht verstehen kannst mit deinem menschlichen Bewusstsein, du wolltest genau diese Erfahrungen machen, denn du wolltest dich selbst dabei sehr tief spüren ... du wolltest die Begrenzung fühlen ... ja auch Schmerzen und tiefe Traurigkeit. Denn du wusstest genau, dass diese Gefühle dich sehr nah zu dir selbst bringen ... und dass sie dich öffnen für ein neues Gefühl: die Erinnerung daran, wer du in Wahrheit bist.

Nun, es ist an der Zeit, geliebtes Menschenwesen, die alte Erfahrungskette abzuschließen. Es ist an der Zeit, ganz bewusst zu wählen, das alte Energiespiel zu beenden. Ein Spiel, in dem es darum ging, Energie von außen zu bekommen – und sie wieder zu verlieren. Es ist in der Tat endlich an der Zeit, deine eigene Energie in dir zu vereinen – beide Pole zusammen zu bringen und Alles zu sein, was du bist ... vollkommen hier anzukommen und dich selbst in Besitz zu nehmen.

Dafür ist es zuerst einmal wichtig, die alten Spiele zu beenden – Spiele, die du mit Karma oder Abbüßen verbindest.

Es gibt nichts mehr abzuarbeiten, auszugleichen und schon gar nicht abzubüßen – wenn du es für dich jetzt, in diesem Moment erlauben kannst. Es gibt nichts, das falsch gelaufen wäre oder für das du noch gerade stehen musst. Alles was du erfahren hast, ist in vollkommener göttlicher Ordnung – und nun ist es an der Zeit, ein neues Spiel zu beginnen – dein eigenes Spiel.

In dem Moment, in dem du dir dies wirklich vollständig erlaubst, in dem du dies ganz klar für dich entscheidest, veränderst du damit Alles. Ja, es gibt sogar Energien ... und auch Menschen, die darauf warten, dass **du** diese Wahl triffst. Denn auch sie haben keine Lust mehr auf das alte Spiel. Auch sie wollen sich jetzt verändern und in ihre eigene Energie kommen.

Geliebtes Menschenwesen auf Erden, kannst du dir nun erlauben, in diesem Moment, trotz deiner vermeintlichen Begrenzung in einem Körper, frei zu sein – frei für dich selbst?

Kannst du dir erlauben, neu zu beginnen und ganz und gar in deinem eigenen Spiel anzukommen? Kannst du dir erlauben, ganz bewusst Mensch – und Gott, der sich dabei durch dich erfährt – zu sein? Kannst du dir erlauben, deine wahrhaftige Macht wieder anzunehmen und damit alles zu verändern – für dich und Alles-Was-Ist?

Kannst du dir erlauben, so etwas wie die Sonne – das Zentrum – in deinem Leben zu sein?

Nimm nun einen tiefen Atemzug – jetzt in diesem Moment – und fühle, was sich dabei in dir verändert. Fühle dieses Zentrum in dir ... diese Wärme und Liebe, die von dir als Sonne, die du bist, ausgeht. Fühle es ... und atme es durch dich hindurch. Fühle, wie es Alles durchdringt und verändert.

Du bist nichts Geringeres als eine Sonne, die alles um sich herum mit ihren Strahlen durchdringt. Ja, du bist sogar sehr viel größer und heller, als eine materielle Sonne es jemals sein könnte. Deine Strahlen reichen sehr viel weiter ... sie sind grenzenlos.

Du wirst mit deinem menschlichen Verstand niemals ermessen können, wie stark du bist – so stark, dass genau dein Bewusstsein ... deine ganz besondere und einzigartige Seelenenergie ... jeden kleinsten Winkel im Universum verändern kann.

Dein Verstand kann es vielleicht gerade einmal ahnen ... doch tief in deinem Herzen ist dieses Wissen schon vorhanden. Du weißt um deine Kraft – und genau deshalb hast du so große Angst davor.

Geliebter Menschenengel – ja, der bist du und sogar noch sehr viel mehr – es gibt keinen Grund, dich zu fürchten vor dir selbst! Es gibt keinen Grund, deine Schöpferkraft nicht endlich für dich zu gebrauchen. Du könntest niemals irgendetwas tatsächlich zerstören, denn Alles ist und bleibt die Quelle selbst. Es kann sich nur verwandeln ... die Quelle kann sich dabei in einzigartiger Weise erfahren durch ein menschliches Bewusstsein … wie dich.

Viel zu lange hast du dich vor dir selbst versteckt, denn auch du bist selbst die Quelle. Viel zu lange hast du dein Licht verborgen gehalten. Viel zu lange hast du andere Lichter entzündet, jedoch dein eigenes Licht in einem dunklen Gefängnis verschlossen gehalten.

Alles verändert sich – in diesem Moment – weil du dich veränderst. Alles beginnt sich neu zu ordnen, neu zu definieren – weil du es tust.

Niemals gibt es Fehler – denn die Quelle, die du auch bist, macht keine Fehler. Sie ist – ebenso wie du **bist**! Durch dich hat die Quelle gelernt, wie es ist, sich klein und hilflos zu fühlen. Doch nun ist dieses Spiel vorbei – ein neues kann beginnen ... im gleichen Moment, wo du es wählst.

Ich, deine eigene Seele, heiße dich heute in diesem Erdenspiel willkommen. All die Anteile, die zu dir gehören ... sie sind dir unendlich dankbar, dass es dich gibt und dass es nun auch für sie möglich ist, frei zu werden und ihre Rollen abzugeben. Sie sind müde und wollen nur eins: nach Hause.

Du kannst sie nicht von dir abtrennen, jedoch kannst du sie – jetzt in diesem Moment – erlösen, sie aus ihrer festgelegten Rolle befreien ... damit auch du frei sein kannst.

Bist du bereit, jetzt ganz bewusst all deine Anteile und ebenso auch deine Mitspieler aus den alten Spielen und Rollen zu befreien?

Es ist wichtig, dies in Liebe und Dankbarkeit zu tun. In Dankbarkeit für all die Gefühle, die ihr euch gegenseitig geschenkt habt, denn dadurch seid ihr euch selbst einen großen Schritt näher gekommen.

Erlaube dir nun selbst, wirklich voll und ganz in diesem Leben auf der Erde anzukommen und mach dich bereit.

Ja, du bist willkommen, dort wo du jetzt gerade bist – und du warst es schon immer. Und jetzt kannst du es auch spüren...

Alles was du wahrnimmst, geliebter Menschenengel, dient dir und deiner Bewusstwerdung. Nimm es in Dankbarkeit an – danke dir selbst dafür, denn es ist nur deshalb hier, weil **du** hier bist!

Ja, sogar viele deiner Mitspieler sind auch für dich in diesem Spiel – weil sie es so gewählt haben, weil sie durch dich ganz bestimmte Gefühle erleben wollten und weil auch sie in diesem Leben ihre alten Geschichten beenden wollen.

Es geht nun darum, dich selbst in Besitz zu nehmen und ebenfalls deine gesamte Schöpfung – all das was du um dich herum wahrnimmst. Es geht nicht mehr darum, anderen zu dienen oder andere von deinem Glauben zu überzeugen. Es geht nur noch darum, dich und deine eigenen Schöpfungen anzuerkennen ... und dich daran zu erinnern, dass du jetzt als Schöpfer zu deiner eigenen Freude hier bist und Alles in jedem Moment verändern kannst.

Ich bitte dich nun um ein kleines Spiel mit dir selbst. Es wird dir einiges zeigen.

Werde dir in jedem Moment bewusst, dass das, was du gerade siehst, was du gerade berührst, was du gerade fühlst ... einst von dir erschaffen wurde. Es ist nur deshalb genau so in deiner Realität vorhanden, weil du da bist! Und: Es gibt keinen Grund zur Bewertung, denn alles ist angemessen. Es dient deiner Erfahrung und Bewusstwerdung und damit gleichzeitig dem Erwachen der Quelle ... in dir!

In unendlicher Liebe zu Allem was du bist – zu Allem was du jemals erfahren hast und dir und mir zum Geschenk machst ... **heiße ich dich aus dem Herzen der Quelle willkommen in einem Leben voller Freude** und ermutige dich heute dazu, ganz bewusst du selbst zu sein ... ganz bewusst da zu sein … jetzt und hier!

Ja, du beginnst gerade dich zu erinnern…

In Liebe und Anerkennung … deine Seele

Übung zur 2. Botschaft:

Werde dir in jedem Moment bewusst, dass das, was du gerade siehst … was du gerade berührst … was du gerade fühlst … einst von dir erschaffen wurde. Es ist nur deshalb genau so in deiner Realität vorhanden, weil du da bist! Und: Es gibt keinen Grund zur Bewertung, denn alles ist angemessen. Es dient deiner Erfahrung und Bewusstwerdung … und damit gleichzeitig dem Erwachen der Quelle … in dir!

♥

Es gibt nichts in deinem Leben, was nicht durch dich genau an diesen Platz gekommen ist. Sieh dich zum Beispiel in deiner Wohnung um und geh ruhig ein wenig auf Entdeckungsreise. Es gibt zu jedem Gegenstand eine kleine Geschichte. Du hast diesen Gegenstand gekauft oder geschenkt bekommen. Und du hast entschieden, dass er dort jetzt steht.

Wenn du nicht da wärst, wenn es dich nicht gäbe, dann wären auch all diese Dinge nicht an ihrem jetzigen Platz.

Ja, du hast sehr viel in dieser Welt verändert. All das ist gut, wie es ist und darf genau so sein. Wenn es dir jetzt nicht mehr gefällt, dann ändere es einfach.

♥ 3. Botschaft:

So wertvoll ist dein Segen

Geliebtes Menschenwesen,

du bist da ... du hast einen Körper, in diesem Moment kannst du ihn fühlen und all die Dinge um dich herum. Sie sind deshalb da, weil du sie irgendwann in deine Realität geholt hast ... durch deine Entscheidungen, durch dein Zutun. Ganz gleich ob es dir nun bewusst ist oder nicht, Alles wäre vollkommen anders ohne dich!

Was löst dieses Gefühl jetzt gerade in dir aus?

Nun, vielleicht zählst du jetzt vieles in deinem Leben auf, das ohne dich besser wäre – leichter. Meinst du das wirklich?

Meinst du wirklich, dass du deinen Mitspielern Verletzungen erspart hättest? Meinst du wirklich, dass sie deshalb hier sind, weil sie es „einfach" und bequem haben wollten?

Du lieber Menschenengel, wenn sie solch eine Erfahrung gewählt hätten, dann wäre es genau so gekommen. Doch sie wollten in ihrer Seele wachsen, und deshalb haben sie sich genau dich als Mitspieler gewählt. Sie wussten, dass ganz bestimmte Erfahrungen nur durch dich und mit dir möglich sind.

Ja, auch du wusstest es und hast gewählt, dadurch dein Seelenspiel zu vervollständigen. Du bist vor allem hier, um dich selbst mit allen Sinnen zu **spüren**. Und das kannst du am besten in einem Körper ... in diesem Spiel auf der Erde.

In jedem Moment hast du Tausende, ja unzählige Informationen in dich aufgenommen. Die meisten davon sind dir nicht bewusst, und doch prägen sie dein Leben ... deine Reaktionen ... deine Gefühle und deine Handlungen.

Viele Informationen – ja regelrechte Programme – hast du bereits mitgebracht, als du hierher auf die Erde kamst. Nach diesen Programmen hast du dein Leben und deine Erfahrungswelt ausgerichtet ... ohne es zu wissen. Nur ich, deine Seele, habe dies niemals vergessen. Ich weiß, dass du sehr viel mehr bist als nur das, was du im Moment von dir selbst sehen oder wahrnehmen kannst.

All deine Anteile, all deine Lebensspiele, all deine Erfahrungen, die du jemals gemacht hast – sie gehören ebenfalls zu dir und sind untrennbar mit dir verbunden. Nichts davon war umsonst, nichts war falsch, nichts hätte besser gemacht werden können. Ja, all das macht dich einfach nur noch wertvoller, noch vollkommener.

Du kannst es vergleichen mit einem großartigen Theaterstück, in dem du mehrere Rollen übernommen hast. Dadurch hast du viele verschiedene Sichtweisen gewonnen. Du hast verschiedene Gefühle durchlebt und konntest sie als wertvolle Geschenke mitnehmen.

Immer ... in jedem Moment all dieser Rollen, die du übernommen hast – all dieser Leben – hast du dein Bestes gegeben. Du hattest in jedem Moment die Wahl aus vielen Möglichkeiten, und du hast dir eine davon zum Geschenk gemacht. Zum Geschenk für dich, für deine Mitspieler und für Alles-Was-Ist – die Quelle – Gott.

Kannst du dich selbst und all deine Anteile nun dafür ehren? Kannst du all diesen Erfahrungen jetzt in diesem Moment deinen Segen geben? Nimm einen tiefen Atemzug ... und spüre, dass all das zu einem umfassenden göttlichen Plan gehört – deinem ganz eigenen göttlichen Plan!

Ich bitte dich: Gib diesem göttlichen Plan nun deinen Segen! Gib auch dir selbst deinen Segen und Allem, was du wahrnimmst! Es gibt keinen Grund, es nicht zu tun. Damit veränderst du einfach Alles – augenblicklich, im gleichen Moment! Denn solange du dagegen kämpfst, bekämpfst du einen Teil von dir selbst. Dieser Teil wird niemals aufhören zu kämpfen ... bis du beginnst, innezuhalten, einen Atemzug zu nehmen, im Jetzt anzukommen ... und zu allem Ja zu sagen.

Sämtliche Energien werden sich dadurch augenblicklich verändern. Sie werden beginnen, dir auf eine neue Weise zu dienen. Sie werden dich unterstützen, anstatt dich weiter zu behindern.

Nur mit deinem Segen, mit deinem Ja zu all deinen Erfahrungen sind deine Anteile ebenfalls bereit dazu. Sie sind des Kämpfens längst müde – und du bist es ebenfalls. Jede Energie strebt nach Freiheit, nach Ausdehnung ... doch es braucht dafür dein Ja, deinen Segen!

Wenn du dir nun ein paar Minuten Zeit nimmst und ganz still wirst, kannst du meinen Segen tief in deinem Herzen spüren.

Spürst du, dass du willkommen bist … es immer schon warst, ebenso wie all deine Anteile?

Bist du nun bereit, den Kampf aufzugeben – den Kampf gegen dich selbst? Du bist ein Kind der Liebe, sonst würde es dich nicht geben! Und du bist deshalb hier, weil du durch deine Anwesenheit alles veränderst. Du bist keinesfalls hier, um irgendjemand anderen zufrieden zu stellen.

Dir wurde beigebracht, was du alles **nicht** tun sollst, was **nicht** möglich ist. Doch niemand hat dir jemals wirklich erzählt, dass dir in Wahrheit Alles möglich ist. Niemand hat dich daran erinnert, dass du die Macht hast, Alles zu erschaffen, Alles zu verändern. Und deshalb hast du es in dieser Welt, in der du lebst, vergessen und verlernt.

Es ist Zeit, nun endlich ganz bewusst hier anzukommen und Schöpfer zu sein. Es ist Zeit, deinen Widerstand, dein Nein zum Leben durch ein Ja zu ersetzen ... und Allem deinen Segen zu geben.

Dieser Segen ist gleichfalls Gottes Segen, der Segen der Quelle, denn niemals warst du getrennt davon. Etwas zu vergessen heißt nicht, es nicht zu sein. Alles dient dir und du dienst gleichfalls Allem.

Bist du bereit, dein Leben von nun an bewusst und in Freude zu leben? Bist du bereit, mich durch dich leben zu lassen und auch mir deinen Segen zu geben, ebenso wie du ihn von mir bekommst?

Öffne dein Herz für dich selbst und segne all deine Erfahrungen, ganz gleich wie sie sich angefühlt haben. Alles hatte seine

Berechtigung und hat große Veränderung im gesamten Spiel bewirkt. Bedenke: Die Quelle macht niemals Fehler, und darum heiße ich dich willkommen im Spiel der Erfahrungen – in deinem einzigartigen Spiel! In einem Spiel ohne Kampf um Energie...

Ich bin das, was du nach außen gestellt hast, das jedoch immer schon **in dir** wohnt: Alles-Was-Ist ... das Eine ... Gott … verbunden auf ewig mit deiner Seele …mit dir. Ich erlebe die Welt durch dich in einzigartiger Weise – in unendlicher Dankbarkeit und Liebe dafür, dass es **dich** gibt und immer geben wird!

Fühle mich ... denn die Quelle in dir und du sind Eins!

Übung zur 3. Botschaft:

Nimm einen tiefen Atemzug … und spüre, dass all das zu einem umfassenden göttlichen Plan gehört – deinem ganz eigenen göttlichen Plan! Ich bitte dich: Gib diesem göttlichen Plan nun deinen Segen! Gib auch dir selbst deinen Segen und Allem, was du wahrnimmst! Es gibt keinen Grund, es nicht zu tun.

♥

Mit deinem Segen – hier reicht schon allein deine Absicht – hörst du auf, etwas in Gut oder Böse zu unterteilen. Für deine Seele gibt es diese Bewertung nämlich nicht. Du hast Erfahrungen gemacht, okay. Und daraus wiederum hast du gelernt und wertvolle Erkenntnisse gewonnen. Genau diese Erkenntnisse sind dein größter Reichtum, denn sie bleiben dir für immer, auch wenn du deinen Körper verlässt.

Dein Segen bedeutet, deinen Seelenplan anzuerkennen und Vertrauen in deine innere Führung zu gewinnen. Nichts geschieht ohne Grund. Alles hat einen tiefen Sinn und bringt dich weiter auf deinem Erfahrungsweg.

♥ 4. Botschaft:

Das alles bist du

Geliebter Menschenengel,

achte auf deine Begegnungen, denn wenn du dich intensiv mit diesen Botschaften befasst, wird sich deine Welt verändern. Begegnungen zeigen sich in vielen Verkleidungen – manche sichtbar, manche unsichtbar, und sie können sehr tief fühlbar sein. Was meinst du, wem du da im Außen begegnest?

Mein liebes Menschenwesen, du begegnest dir tagtäglich selbst. Und deine Außenwelt zeigt dir genau, wie es in deinem Inneren aussieht, was da in dir gerade geschieht.

Wenn du die Absicht hast, alles zu segnen, auch deine Anteile, dann hören sie deine Einladung und folgen ihr. Ja, sie sind bereit, diesen Segen von dir zu empfangen. Sie wollen endlich wieder angenommen werden und zu dir gehören. Dadurch können sie ihre Rolle, in der sie sehr lange Zeit gefangen waren, beenden. Dadurch können auch alte Wunden heilen. Es geschieht augenblicklich durch deine Erlaubnis. Ja, in der Tat, es ist wirklich so einfach.

Was bedeutet nun dieser Segen für dich? Was meinst du, könnte sich dadurch verändern? Oh, es ist sogar sehr viel, das sich durch einen Segen verändert. Denn es bedeutet, dass es kein Richtig oder Falsch gibt ... dass alle Gegensätze sich miteinander vereinen zu einer vollkommen neuen Energie. Diese neue Energie steht dir dann augenblicklich als wertvolles Potenzial zur Verfügung.

Wenn du etwas segnest ... eine Person, ein Erlebnis, ganz gleich, was es ist ... dann hebst du damit jegliche Trennung und auch jeglichen Widerstand in dir auf. Dann können abgelehnte Energien wieder zu ihrem Schöpfer – zu dir – zurückkehren und dir von diesem Moment an auf eine ganz neue Weise dienen.

Dein Segen ist sehr viel mehr als das, was du Vergebung nennst. Er ist Liebe ... vollkommene Akzeptanz ... vollkommenes Mitgefühl und vollkommenes Verständnis, auch für dich selbst. Sobald du diesen Segen wahrhaftig aus deinem Herzen heraus geben kannst, verändert dies einfach alles in deinem Leben. Ja, solch ein großes Schöpferwesen bist du, dass du das bewirken kannst!

Segne deine Erfahrungen ... alles, was dir begegnet ... deine Mitspieler ... und du wirst die Wirkung – auch an dir selbst – spüren und erleben.

Mein liebes Menschenwesen, hier wartet eine neue Selbstliebe-Übung auf dich. Sieh sie ganz einfach und spielerisch, dann wird es dir Freude machen und dich manchmal auch erstaunen.

Sobald du etwas fühlst, das du an dir bisher abgelehnt hast ... lade es zu dir ein. Es kann sein, dass sich Anteile von dir melden ... Gefühle des Mangels ... des Zweifels ... der Traurigkeit ... der Schwere ... der Schuld … ja vielleicht auch der Angst, der Scham und der Wut. Das alles sind Eigenschaften ... Anteile, die du vielleicht bisher an dir abgelehnt hast. Doch sie sind trotzdem da und klopfen nun an deine Tür.

Nehme sie in diesem Moment in deine Arme, gib ihnen voller Mitgefühl und Dankbarkeit deinen Segen, denn sie haben ihn in der Tat verdient. Sprich mit ihnen, sie werden dich verstehen.

Lehne sie nicht weiter ab, sondern zeig ihnen deine Welt – und lade sie ein, mit dir zu leben. Mach ihnen bewusst – und gleichzeitig dir selbst – dass sie da sein dürfen. Atme sie in dich hinein und nimm sie mit offenen Armen in Empfang. Das wird augenblicklich ihre Energie verändern und sie und damit auch dich befreien. Sie werden genau so darauf reagieren wie du, wenn du von einem anderen Menschen willkommen geheißen wirst – mit tiefer Freude und Dankbarkeit.

Ja, es gibt in der Tat auch Anteile, die dich unterstützen können. Du bist viel umfassender, als du in deinem menschlichen Bewusstsein jemals denken würdest. Dir stehen all deine Erfahrungen, all deine Talente, all dein Wissen zur Verfügung. Du brauchst sie ebenfalls nur in dein Leben einladen.

Sieh all deine Anteile wie gute Freunde, ja sogar wie deine Kinder, die für eine lange Zeit unterwegs waren und nun wieder zu dir zurückkommen wollen. Erlaube dir selbst, wieder vollständig zu sein – wähle es ganz bewusst. Alles hat großen

Wert und ist Teil des Spiels, an dem deine Seele teilhaben wollte.

Deine Traurigkeit ... wusstest du, dass sie dir auf wunderbare Weise dient? Denn sie hilft dir dabei, tiefe Gefühle zu spüren.

Deine Angst ... segne sie und sie wird sich in Liebe verwandeln.

Deine Zweifel ... sie sind Teil deines Verstandes, Teil deines Spiels in einem Menschenkörper.

Dein vermeintlicher Mangel ... er ist nichts weiter als eine Begrenzung deines eigenen Bewusstseins, denn die Fülle existiert überall um dich herum.

Deine Schwere, die sich in vielen Facetten zeigen kann ... auch sie braucht deinen Segen. Denn nun ist es Zeit, dein altes Gepäck aus der Vergangenheit freizugeben, es endgültig zu erlösen.

Deine Wut, dein Ärger ... auch sie gehören zum Menschsein und zeigen dir dein nicht gelebtes schöpferisches Potenzial. Im Grunde bist du einfach nur wütend auf dich selbst und oft auch auf deine eigenen Schöpfungen.

Nimm all diese Anteile von dir endlich als Teil von dir an und gib ihnen deinen Segen. Nimm sie an die Hand, wie du es mit einem Kind tun würdest. Atme mit ihnen gemeinsam ... und lade sie ein in dein Leben, in dein Menschsein. Damit gibst du dir das Wertvollste, das du dir jemals geben kannst: Mitgefühl und Verständnis für dich selbst!

Bei all diesen Begegnungen, bei der Heimkehr all deiner wunderbaren Anteile hast du immer meine größte Unterstützung. Du bist niemals alleine, denn deine eigene Göttlichkeit – ja auch viele deiner Anteile stehen bereit, deine Energien in Balance zu bringen.

Ja – auch du bist Gott … die Quelle allen Seins! Und nun ist es Zeit, dich wieder daran zu erinnern! Es ist Zeit, wieder Eins zu werden mit Allem-Was-Du-Bist ... mit der Quelle in dir.

In tiefer Liebe … deine Seele

Übung zur 4. Botschaft:

Sobald du etwas fühlst, das du an dir bisher abgelehnt hast … lade es zu dir ein. Es kann sein, dass sich Anteile von dir melden … Gefühle des Mangels … des Zweifels … der Traurigkeit … der Schwere … der Schuld … ja vielleicht auch der Angst, der Scham und der Wut. Das alles sind Eigenschaften … Anteile, die du vielleicht an dir abgelehnt hast. Doch sie sind trotzdem da und klopfen nun an deine Tür.

Nehme sie in diesem Moment in deine Arme, gib ihnen voller Mitgefühl und Dankbarkeit deinen Segen, denn sie haben ihn in der Tat verdient. Sprich mit ihnen, sie werden dich verstehen.

♥

Am einfachsten funktioniert diese Übung, wenn du mit diesen Gefühlen sanft atmest und sie dabei einfach da sein lässt, ohne jeglichen Widerstand. Ich mache immer wieder die Erfahrung, dass all unsere Anteile einfach nur wahrgenommen werden wollen, vor allem, wenn wir sie lebenslang verdrängt haben.

Erlaube dir einfach, sie zu fühlen. Sie werden dir nichts tun, sondern sich ganz von alleine verändern. Deine verdrängten und abgelehnten Anteile sind wie ungeliebte kleine Kinder. Sie werden so lange auf sich aufmerksam machen, bis du sie endlich wahrnimmst. Die Atemreise zu dieser Botschaft wird dir diese Übung zusätzlich erleichtern.

♥ 5. Botschaft:

Das Kind in dir

Geliebtes Menschenwesen,

du hast nun vielleicht einiges von dir kennengelernt, das dir neu ist. Du hast Gefühle durchlebt ... die du zum Teil verdrängt ... oder auch schon lange vergessen hattest ... freudige und ebenso auch traurige.

All das, was dir begegnet, was du fühlst, was dich berührt, zeigt dir immer auch einen Aspekt von dir selbst. Sonst würde es dir nicht in dieser Form erscheinen.

Was geschieht nun, wenn du Allem deinen Segen gibst, auch den Dingen, die du bisher abgelehnt hast?

Es ist ganz einfach: Du bringst all diese Anteile in die Einheit zurück, in dir. Sie sind niemals nur das, was du in ihnen siehst, sondern sehr viel mehr. Du hast in diesen Momenten nur vergessen, dass Alles vollkommen ist, dass immer und überall Alles enthalten ist.

Als du in dieses Leben kamst, in dieses menschliche Spielfeld, hast du als erstes gelernt zu unterscheiden. Dir wurde erzählt, was Gut und Böse ist ... was erwünscht und unerwünscht ist. All diese Regeln und Glaubensüberzeugungen anderer Menschen hast du zu deinen eigenen gemacht und viele davon niemals hinterfragt. Du hast gelernt zu funktionieren und ... zu überleben. Du hast gelernt, dich anzupassen und so zu sein, wie andere dich sehen wollten.

Ja, du hast sogar gelernt, um Liebe zu kämpfen... und dich selbst dabei immer mehr verloren.

Niemand hat dir gezeigt – oder nur sehr wenige haben es getan – wie wunderbar es sein kann, wahrhaftig zu leben, in einem Körper als Mensch auf der Erde Erfahrungen zu machen.

Lieber Menschenengel, es geht nicht darum, zu funktionieren oder ums Überleben zu kämpfen. Dafür bist du nicht hier. Es geht jetzt einzig und alleine darum, wirklich Ja zu deinem Leben zu sagen, wahrhaftig selbst mitzuwirken im großen Spiel ... und vollständig hier anzukommen.

Bisher bist du jedoch nur zu einem sehr geringen Teil wirklich anwesend. Du hast gelernt, viele deiner Anteile zu unterdrücken, sie als unerwünscht zu verdrängen ... und nun ist es Zeit, sie liebevoll als das zu sehen, was sie tatsächlich sind: das, was dich vollkommen macht. Denn das bist du in der Tat: ein vollkommenes göttliches Wesen in einer Verkleidung als Mensch!

Es geht nun darum, Alles zu sein was du bist. Es geht darum, dich zu befreien von der Meinung anderer und den Erwartungen, die sie an dich haben. Es geht darum, dich selbst mit offenen Armen in dieses Leben einzuladen ... und es bewusst für **dich** zu leben!

Dieses Kind, das gelernt hat, die Befehle anderer zu befolgen und sich selbst zu verleugnen ... wohnt auch heute noch in dir.

Dieses Kind, das du warst und immer noch bist, sitzt tief in dir und wartet ebenfalls auf deinen Segen. Es hat alles getan, um geliebt zu werden ... und sich dabei selbst verloren.

Es ist Zeit dafür, es nun in deine Arme zu nehmen, es zu trösten und ihm zu sagen, dass es nicht alleine ist ... **dass du jetzt da bist!** Es ist auch Zeit dafür, es zu segnen dafür, dass es sich in dieser Welt verloren hat.

Nimm es in die Arme ... voller Mitgefühl ... voller Liebe ... und sage ihm, dass es nie wieder alleine sein wird. Dieses Kind, das du bist, wartet sehnsüchtig darauf, dass es durch dich leben darf ... dass es – endlich – Alles sein darf!

Lieber Menschenengel, es ist lange her, dass jemand dieses Kind in dir an die Hand genommen hat ... und es wartet nun darauf, dass du es wahrhaftig aus deinem ganzen Herzen heraus willkommen heißt in deinem Leben!

Ja, jetzt endlich kannst du dich selbst auf dieser Erde empfangen. Du selbst bist bereits bei deiner Ankunft hier gewesen, denn Zeit und Raum sind nur Illusion.

Jetzt kannst du gleichzeitig beides sein. Du kannst als der Erwachsene, der du bist, das Kind in dir empfangen und es in deine Arme schließen.

Kannst du dir vorstellen, was dieser Empfang in dir bewirkt? Kannst du dir vorstellen, dass niemand sonst dich liebevoller empfangen könnte als du selbst?

Ja, auch dieses Kind, das du einst warst und das du immer noch bist, ist ein Aspekt von dir, der zu dir gehört und endlich **leben** will. Sonst wärst du jetzt nicht mehr hier in dieser menschlichen Realität. Lass dieses Kind von nun an teilhaben an deinem Leben und bring ihm bei, dass Alles zur Vollkommenheit gehört ... dass es für Alles geliebt wird!

Kannst du nun wirklich in diesem Leben ankommen? Kannst du wirklich Ja sagen zu Allem was du bist?

Du bist in diese Welt gekommen, weil du teilhaben wolltest an einem großartigen Spiel ... du wolltest dich in einem menschlichen Körper wieder erinnern, was du in Wahrheit bist.

Und nun ist es an der Zeit, alte Verträge und Vereinbarungen zu beenden und zu erlösen. Es ist an der Zeit für ein neues Spiel – **dein** eigenes Spiel!

Nimm dir Zeit für eine Atemreise, in der du das Kind in dir begrüßt, es in die Arme schließt und sein Dasein segnest. Lade es als Teil von dir selbst in dein Leben ein. Öffne dein Herz … und du wirst seine Anwesenheit und seine tiefe Liebe zu dir spüren…

Heiße das Kind, das du auch bist, nun ganz bewusst willkommen und sage aus ganzem Herzen ... voller Mitgefühl und Verständnis Ja zu ihm! Das wird vieles in deiner Realität verändern und erleichtern. Du wirst voll und ganz hier auf der Erde ankommen ... als Schöpfer deiner Welt.

Dabei bist du niemals alleine, denn ich bin zu jeder Zeit präsent und begleite dich in deinem wunderbaren Spiel ... in deinem Segen für dich selbst.

Ja, ich bin voller Liebe und Achtung für dich und für deinen unglaublichen Weg!

Namasté

In Liebe … deine Seele

Übung zur 5. Botschaft:

Nimm dir Zeit für eine Atemreise, in der du das Kind in dir begrüßt, es in die Arme schließt und sein Dasein segnest. Lade es als Teil von dir selbst in dein Leben ein. Öffne dein Herz … und du wirst seine Anwesenheit und seine tiefe Liebe zu dir spüren…

Heiße das Kind, das du auch bist, nun ganz bewusst willkommen und sage aus ganzem Herzen … voller Mitgefühl und Verständnis Ja zu ihm! Das wird vieles in deiner Realität verändern und erleichtern. Du wirst voll und ganz hier auf der Erde ankommen … als Schöpfer deiner Welt.

♥

Die Atemreise zu dieser Botschaft findest du im 4. Teil dieses Buches. Sie ist sehr berührend. Nimm dir Zeit und Ruhe dafür, denn dieses Erlebnis wird einiges in dir heilen und verändern.

Lass das Kind in dir ab jetzt an deinem Leben teilhaben, denn es ist genauso lebendig wie du. Gib ihm, wonach es sich so sehr sehnt: deine Liebe.

♥ 6. Botschaft:

Das alte Spiel ist zu Ende

Geliebtes Menschenwesen,

das Kind in dir beginnt nun zu erwachen ... und ... es wird sich auf vielerlei Weise bei dir melden und auf sich aufmerksam machen.

Was meinst du, auf welche Weise sich das Kind in dir zeigen könnte? Oh, all diese Menschenengel, denen du in der Gestalt von Kindern begegnest, sie werden bei einer Begegnung mit dir genau spüren, was in dir gerade vorgeht. Denn sie sind Anteile von dir selbst, die du nach außen gestellt hast.

Du hattest es unendlich lange vergessen, dein eigenes verlassenes Kind in dir ... du hattest es eingesperrt und zur Ruhe gezwungen. Nun möchte es nur noch eins: mit dir gemeinsam **leben**! Es möchte teilhaben an all deinen Erfahrungen.

Kannst du dem Kind in dir jetzt endlich erlauben, sich zu zeigen? Kannst du es zärtlich in deine Arme schließen und es lieben ... es von Herzen willkommen heißen in deinem Leben?

Ja, es ist nun an der Zeit für dich, die Grenzenlosigkeit in dein Leben einzuladen und ganz du selbst zu sein. Doch dafür ist es wichtig, deine Zäune zu entfernen, deine Vereinbarungen zu erlösen, die du vor deinem jetzigen Leben mit anderen Seelen abgeschlossen hattest. Du brauchst keinerlei Verträge mehr zu erfüllen. Du kannst nun ein neues Spiel beginnen – dein eigenes Spiel. Du brauchst auch keine Rollen mehr auf andere zu verteilen. Lade all deine Anteile in dein Leben ein, hol sie nach Hause zurück. Sie waren viel zu lange von dir getrennt.

Sie sind nun bereit, dir in Liebe zu dienen. Ehre sie dafür und segne sie für ihr Dasein. Bedenke, sie sind ein Teil von dir und haben dir etwas sehr Wertvolles geschenkt: Erfahrungen! Nichts wäre wertvoller als das, denn jede noch so kleine Erfahrung macht deine Seele reicher und ... vollkommener.

Dunkel und hell ... böse und gut ... groß und klein ... all das sind nichts weiter als menschliche Werte, menschliche Maßstäbe, um dieses Spiel hier möglich zu machen. Es gehört ganz einfach dazu. Doch mir, deiner Seele ist es gleichgültig, welche Erfahrung du gerade machst ... welche Schleife du um dieses Geschenk bindest. Ich kenne diese Wertungen nicht ... ich **bin** einfach nur.

Es ist nun an der Zeit und auch möglich, deine Mitspieler aus den alten Spielen zu befreien – und damit auch dich selbst. Da dein Bewusstsein dies jedoch nur dann aufnehmen und akzeptieren kann, wenn du es tatsächlich beabsichtigst und nicht nur denkst, kann es sehr hilfreich für dich sein, es aufzuschreiben und damit deine Wahl zu verstärken, sie sozusagen zu besiegeln.

Nimm dir also ein leeres Blatt und schreibe deinen Mitspielern einen **Dankesbrief** – jedem einzelnen, den du aus seiner bisherigen Rolle befreien willst. Schreibe diesen Brief voller Mitgefühl und ehre diese Seele für alles, was sie dir in eurem gemeinsamen Spiel gezeigt hat. Es gehört schon eine sehr große Liebe dazu, eine verletzende Rolle zu übernehmen. Doch bedenke dabei: das alles war nur ein Spiel, um allen daran Beteiligten etwas zu zeigen ... und um ganz bestimmte Erfahrungen zu fühlen.

Frage dich nun einmal, ob du diese Erfahrungen noch brauchst. Kannst du stattdessen diesen Aspekt von dir einfach nur segnen, ihm deine Achtung entgegenbringen, ihm danken und ihn dann von seinem Kostüm befreien?

Was würdest du mit einem Schauspieler tun, der den Bösewicht perfekt gespielt hat? Würdest du ihn bekämpfen oder einsperren lassen? Oder würdest du ihm Beifall klatschen für seine perfekte Inszenierung?

Ebenso ist es mit deinen Mitspielern. Auch sie verdienen diesen Beifall ... denn jeder von ihnen hat seine Rolle perfekt gespielt.

Schreibe nun also deinen Mitspielern einen Brief. Bring ihnen darin echte Liebe und Dankbarkeit entgegen für all die Dramen, für die sie bereit waren, mit dir auf der Bühne des Lebens zu stehen.

Danke ihnen – und dann befreie sie! Es ist Zeit, dein eigenes Spiel zu beginnen – du selbst zu sein. Es ist Zeit, nun dein Kind in dir auf die Bühne zu holen und es nicht länger zu verstecken. Und es ist Zeit, Ja zu sagen zu deinem eigenen Spiel in einem menschlichen Körper.

Dieses Spiel kann leicht und freudvoll sein – wenn du es dir selbst erlauben kannst. Niemand würde dich weiterhin daran hindern können – außer dir selbst. Niemand würde es dir weiterhin verbieten können – außer dir selbst.

Es gibt keinen strafenden Gott in irgendeinem Himmel, dem du zu Diensten sein oder dessen Regeln du befolgen müsstest. Dieser Gott bist du selbst, und nun kannst du dieses grandiose Schöpferbewusstsein in einem menschlichen Körper leben – sofern du es wählst und bereit dafür bist.

Du hast die Wahl – zu jeder Zeit. Du kannst dein Spiel verändern, jetzt und hier. Dafür braucht es nur deine Zustimmung und deine Bereitschaft! Ich begleite dich auf jedem Weg, ganz gleich welchen du gerade wählst – den leichten oder den schwierigen. Dabei bist du in keinem einzigen Moment alleine...

Denn du bist ich und ich bin immer und überall Eins mit dir!

In tiefer Liebe ... deine Seele

Übung zur 6. Botschaft:

Schreibe nun also deinen Mitspielern einen Brief. Bring ihnen darin echte Liebe und Dankbarkeit entgegen für all die Dramen, für die sie bereit waren, mit dir auf der Bühne des Lebens zu stehen. Danke ihnen – und dann befreie sie! Es ist Zeit, dein eigenes Spiel zu beginnen – du selbst zu sein. Es ist Zeit, nun dein Kind in dir auf die Bühne zu holen und es nicht länger zu verstecken. Und es ist Zeit, Ja zu sagen zu deinem eigenen Spiel in einem menschlichen Körper.

♥

Diesen Brief kannst du an alle Mitspieler schreiben, bei denen du das Bedürfnis dazu spürst. Es hat eine sehr befreiende Wirkung, wenn du es von Herzen tust.

TEIL 2 - ICH LIEBE MICH!

Bevor du in diesen zweiten Teil tiefer eintauchst, möchte ich dir empfehlen, den Brief an deine Mitspieler zu schreiben. Er bewirkt sehr viel Heilung, und zwar für alle Beteiligten. Du wirst dabei viel leichter erkennen, dass ihr ein gemeinsames Spiel gespielt habt, das genau so von eurer Seele vorher geplant war. Ganz einfach aus dem Grund, weil ihr es so erfahren und als Mensch fühlen wolltet. So wie du Mitspielern in einem Theaterstück danken würdest, tust du das ganz einfach auch in diesen Briefen.

In diesem zweiten Teil geht es nun um dein klares Ja zum Leben und deine Aufmerksamkeit für dich selbst. Damit beginnst du die Selbstliebe bewusst in dein Leben zu integrieren. Du beginnst sie wahrhaftig zu leben.

Du wirst jetzt selbst zu deinem besten Ratgeber, denn niemand anderes könnte das besser als du. Dieser Ratgeber sitzt in deinem Herzen und weiß ausnahmslos immer, was das Beste für dich ist. Beginne dieser leisen Stimme in dir zu lauschen und ihr zu vertrauen.

Nimm von nun an ganz bewusst Verbindung auf mit deinem wahren Zuhause, das direkt in dir wohnt. Es ist deine Seele … die Quelle deiner Freude, deines Lebens, deiner Inspirationen und vor allem deiner Liebe. Ja, sie ist Liebe pur und wird dich immer lieben, egal was du tust oder bist.

♥ 7. Botschaft:

Die Rolle deines Ego

Liebes Menschenwesen,

du bist nun an einem Punkt angelangt, an dem du über das Bisherige hinausgehen willst. Du willst dich endlich selber lieben, das hast du gewählt. Sonst würdest du diese Botschaft nicht lesen.

Doch weißt du tatsächlich, was das für dich bedeutet? Weißt du, wen oder was du da lieben lernen willst? Weißt du wirklich, was du bist?

Nun, beginnen wir mit dem, was du deine „Identität" nennst...

Was genau willst du lernen zu lieben? Die Mutter ... die Geschäftsfrau oder den Geschäftsmann ... deinen Körper ... die Art, wie du dich ausdrückst in dieser Welt ... den Künstler, den Dichter in dir ... oder etwa dein Menschsein?

All das kannst du ganz sicher lernen zu lieben, doch das wäre nur ein winziger Bruchteil von dem, was du wirklich bist. Es wäre nicht mehr, als würdest du dein Kleid lieben, das du am Abend wieder ausziehst. All das bedeutet nur ... eine Rolle, die du für eine Weile spielst und aus der du irgendwann wieder aussteigst.

Du wirst ab jetzt beginnen, dich in einem größeren Umfang kennen und lieben zu lernen ... als ein grenzenloses Wesen, das sich dieses besondere Spiel der Begrenzung erschaffen hat.

Ganz einfach weil es Spaß daran hatte, neue Erfahrungen zu machen. Und du wirst beginnen, das einzigartige Wesen, das du wirklich bist, zu lieben. Ganz gleich, wie du im Moment aussehen magst ... was du gerade tust oder was du erlebt hast. Du wirst beginnen, dein wahres Sein zu erkennen und ... wahrhaftig zu lieben.

Vorher ist es jedoch sehr wichtig, dir noch einmal deine Spiele mit anderen Menschen bewusst zu machen und dir darüber klar zu werden, ob du sie weiterspielen willst.

Wenn du es noch nicht getan hast, dann schreibe deinen Mitspielern jetzt einen Brief, danke ihnen darin für ihre Bereitschaft des gemeinsamen Spiels und gebe sie – so wie dich selbst – endlich frei!

Es ist dabei auch von Bedeutung, all deinen Mitspielern dafür zu **danken**, dass sie sich für ihre Rollen bereit erklärt und damit etwas sehr Wichtigem gedient haben: deiner Erkenntnis ... und damit gleichzeitig der Erkenntnis von Allem-Was-Ist … der Quelle allen Seins.

Mein lieber Menschenengel, es ist so einfach ... und dennoch zögerst du noch viel zu sehr, es auch zu tun. Denn es bedeutet, gleichzeitig die Nährschläuche zu entfernen, die dich mit anderen verbunden haben. Das kann nicht nur weh tun und dir erst einmal das Gefühl geben, alleine zu sein. Du weißt ebenso nicht, was dies für Folgen für dich haben könnte...

Oh ja, es kann sein, dass du durchaus erst einmal – für einige Momente – alleine bist, alleine mit dir selbst. Denn jemanden in die Freiheit entlassen heißt auch, ihn eventuell gehen zu lassen, wenn er das für sich so wählt. Es heißt vor allem eins: die Kontrolle gehen zu lassen – die Kontrolle über diesen Nährschlauch ... von dem du genauso abhängig warst wie deine Mitspieler.

Auf diese Weise konnten sie dich kontrollieren ... und du ebenfalls auch sie. Jeder von euch meinte, ohne die Energie des anderen nicht leben zu können. Doch all das war nichts weiter als eine Illusion, die du dir in dieses Spielfeld namens Dualität eingebaut hast. Du hast dich und deine wahre Herkunft so sehr vergessen, hast dich in diesem Spiel so sehr verfangen, dass du nun den Ausgang nicht mehr findest. Und so hast du dich in deiner Verzweiflung an etwas geklammert, das du Liebe genannt hast. Doch diese Liebe bedeutet nicht mehr als eine weitere Variante deines Kontrollspiels.

Wahre Liebe findest du immer zuerst in dir selbst! Wahre Liebe heißt, die Quelle in dir zu erkennen ... deine Herkunft, dein wahres Sein. Es heißt, nicht weiter im Außen Energie ... Anerkennung zu suchen oder sie sogar einzufordern.

Es heißt, bei dir selbst anzukommen. Es heißt, du selbst zu sein. Und es heißt, das zu leben, was du gerade in diesem Moment in dir fühlst – nicht um von anderen Menschen „Liebe“ als Nahrung zu erhalten, sondern weil du etwas Wunderbares und Einzigartiges in die Welt bringen willst: **dich!** Du machst dich der ganzen Welt zum Geschenk. Und das bedeutet auch gleichzeitig dir selbst!

Dadurch, dass du nun bei dir selbst angekommen bist, geschieht etwas, das du niemals durch Kontrolle erreichen wirst: Du wirst zum Anziehungspunkt für andere Menschen, zum wahrhaftigen Vorbild für sie. Ein wahrer vollkommener Leuchtturm, an dem sie sich orientieren können.

Und du wirst noch etwas bemerken, was dich sehr erstaunen wird: Du brauchst ab diesem Zeitpunkt keine Aufmerksamkeit, keine „Liebe“ mehr von Außen. Denn du weißt, dass du diese Liebe nur in dir selbst finden kannst – die einzige und wahrhaftigste Liebe, die es überhaupt gibt!

Bist du bereit, diese Liebe in dir selbst wiederzufinden und in die Welt zu bringen – sie der Welt zum Geschenk zu machen?

Nun – dann beginnen wir mit dem nächsten Schritt. Jetzt geht es in der Hauptsache darum, auch das, was du „Ego“ nennst, aus seiner Rolle zu befreien, mit der du es Leben für Leben belegt hast. Es hat einfach keine Lust mehr, diese Rolle in der bisherigen Form zu verkörpern, und daher ist es mehr als bereit für seine eigene Freiheit. Bist du also bereit, es nun in die Freiheit zu entlassen?

Vielleicht denkst du jetzt: Was wird das mit mir tun, wenn ich es entlasse? Werde ich dann nicht gleichzeitig meine Identität weggeben? Werde ich dann überhaupt noch einen eigenen, freien Willen haben?

Oh ja, du wirst tatsächlich deine Identität verlieren, jedoch ist es nur deine alte Identität ... die dich weiterhin glauben lässt, du wärst es nicht wert geliebt zu werden. Die dir einreden will, dass du so etwas wie Karma abtragen, dass du leiden musst, um eines Tages erlöst zu werden. Lieber Menschenengel, jetzt und hier wartet die Erlösung auf dich! Die Erlösung dieser alten und längst ausgedienten Glaubenssysteme!

Ja, du wirst auch weiterhin einen eigenen freien Willen haben, jedoch wird er sich nach und nach ganz von selbst verändern. Dieser Wille wird dann getragen von deiner göttlichen Kraft, von deinem inneren Wissen, dass du die Quelle bist. Du wirst eine Wahl treffen – und du wirst gleichzeitig *wissen*, dass es Gottes Wahl ist.

Nimm nun einmal einen sehr tiefen Atemzug und fühle in diese Worte hinein ... fühle die Essenz ... das Wissen in dir über dein wahres Zuhause...

Dein Ego, dieser menschliche Teil von dir, hat ein Spiel mit dir gespielt ... und du mit ihm. Es ist nun bereit für ein neues Spiel, in der neuen Energie. Ein Spiel, das nicht mehr auf den alten Attributen von Ablehnung und Getrenntheit beruht, sondern auf Annahme und Einheit – das nicht mehr auf Kontrolle aufgebaut ist, sondern auf Grenzenlosigkeit und Freiheit.

Feiere also ganz bewusst den Abschied von deinem „alten“, kontrollierenden und über dich herrschenden Ego. Gebe ihm in **Dankbarkeit** die Freiheit zurück. Die Freiheit, dir in anderer, neuer Weise zu dienen ... als ein neuer Aspekt in deinem Leben.

Bist du bereit, diesen Aspekt, dem du die Bezeichnung „Ego“ gegeben hast, nun ebenso wie deine Mitspieler freizugeben? Diesen Teil von dir, mit dem du dich bisher identifiziert hast und sogar glaubtest, es zu sein? Der dir weismachen wollte, dass du nur durch Kampf etwas erreichen kannst? Bist du stattdessen bereit, das wahrhaftige ICH BIN zu entdecken und es in diesem Spielfeld ganz bewusst zu verkörpern? Das alte, ja durchaus sehr ehrwürdige Ego hat ausgedient. Nun ist es an der Zeit, ICH-BIN-ALLES zu sein! Es ist Zeit für eine wunderbare Liebesbeziehung mit dir selbst. Es ist Zeit, dich selbst auf eine vollkommen neue Weise zu entdecken.

Gehe ab jetzt aufmerksam durch deine Welt. Sieh dich um ... dann wirst du vieles wahrnehmen, das du vorher nicht gesehen hast. Denke immer daran ... du bist in jedem Moment Gott, der all das nur spielt, denn du lebst in einer Welt der Illusionen! Spiele dieses Spiel ganz bewusst und hab große Freude daran. Denn dafür bist du hier!

Ich liebe dich und freue mich auf unser neues Spiel!

Deine Seele

Übung zur 7. Botschaft:

Jetzt geht es in der Hauptsache darum, auch das, was du "Ego" nennst, aus seiner Rolle zu befreien, mit der du es Leben für Leben belegt hast. Es hat einfach keine Lust mehr, diese Rolle in der bisherigen Form zu verkörpern, und daher ist es mehr als bereit für seine eigene Freiheit.

♥

Keine Angst! Hier geht es nicht darum, deinen Willen und deine Macht abzugeben, im Gegenteil. Du entlässt hier dein Ego hauptsächlich aus seiner Rolle als Kontrolleur über dein Leben. Damit öffnest du dich für die leisen Impulse deiner Seele, die du vorher gar nicht hören konntest. Dein Ego kann sich nun verwandeln in dein ICH BIN. Und damit verkörperst du vollständig dich selbst, Alles was du bist – nicht nur einen kleinen Teil, der vorgibt, ein begrenzter Mensch zu sein.

♥ 8. Botschaft:

Sag Ja zum Leben!

Liebes Menschenwesen,

dir ist sicher so einiges bewusster geworden ... Dinge, die du vorher einfach übersehen hattest. Du hast so manches in deinem Leben vorher mit anderen Augen gesehen, stimmt's? Geh weiterhin sehr aufmerksam durch deinen Alltag und achte vor allem darauf, in welchen Situationen du deine Außenwelt über dich bestimmen lässt und vor allem, auf welche Weise dies geschieht.

Du hast versucht, deinem Ego die Entlassungspapiere zu geben. Wenn du dies schriftlich getan hast, dann hast du dabei vielleicht etwas gespürt, das du sehr gut kennst: Widerstand. Denn dein Verstand will dir einreden, du würdest dich selbst dadurch verlieren...

Oh, dabei hattest du dich bereits längst verloren ... von dem Zeitpunkt an, als du in diesen Körper gekommen bist ... in dieses Leben als Mensch. Du hast dein Leben in die Hände anderer Menschen übergeben, die dich versorgten, die dir zeigten, wie diese Welt, in der du lebst, funktioniert. Du hast sogar ihre Glaubenssysteme übernommen, du hast all das zu deinem eigenen Lebenskonzept gemacht, was sie dir erzählten und vorlebten.

Doch eines hast du dabei vollkommen vergessen – das Wichtigste: deine wahre Identität ... dein Göttliches Sein!

Du hast vergessen, welch großartiges Schöpferwesen du tatsächlich bist und dass es im gesamten Universum nichts Wichtigeres gibt ... als dich!

Ja – du, der du dies hier gerade liest, bist das Wertvollste, das es gibt ... für dich!

Lieber Menschenengel, es gibt nur eines, das du wirklich verändern kannst: dein eigenes Bewusstsein! Und damit veränderst du dein gesamtes Universum, alles was du erlebst, was du siehst, was du erfährst. Du wirst beginnen, es mit anderen Augen zu sehen ... mit den Augen der Quelle.

Seit du in dieses Leben als Mensch gekommen bist, ja seit du dein Paradies einst verlassen hast ... hast du versucht, dich von allem möglichen außerhalb von dir zu nähren.

Du hast gemeint, du wärst nicht vollkommen ... du wärst zerbrochen ... ja, du hast sogar geglaubt, dass dein Ursprung – die Quelle – dich verstoßen würde für irgendetwas Verwerfliches, das du jemals getan hast. Du hast dich mehr und mehr in diese Illusion der Gegensätze begeben ... so sehr, dass du nun nicht mehr da herausfindest. Ja, du hast dich in der Tat mehr und mehr darin verfangen ... und vergessen, wer du wirklich bist.

Du hast dich nun entschieden – in dieser besonderen Zeit auf der Erde – **dich selbst** wiederzufinden. Du willst dich selbst lieben und weißt immer noch nicht so recht wie... Denn du setzt immer noch Liebe mit "etwas mögen" gleich. Doch damit hat es ganz und gar nichts zu tun. Dich wahrhaft lieben heißt, dich zu akzeptieren als die Quelle, die du auch bist! Deine göttliche Herkunft nicht länger zu verleugnen und vor allem nicht mehr zu verstecken vor dir selbst. Es heißt zu akzeptieren, dass du in **deiner** Welt der Mittelpunkt bist – der absolute und einzige Bewusstseinspunkt, der in **deinem** Leben alles erschafft.

Dein *Ego* ... du hast ihm diesen Namen gegeben und ebenfalls eine bestimmte *Rolle*. Du wolltest in dieser Welt nicht ganz und gar verloren gehen und hast dir deshalb einst diese Energie geschaffen. Es ist eine wunderbare Energie, denn sie lässt dich spüren, dass du einmalig bist. Ja, du bist in der Tat eine einzigartige Ausgabe von Gott – der Quelle allen Seins.

Dein Ego, es ist das alte Spiel des Kämpfens müde ... des Kämpfens um Energie ... des Kämpfens um seine Identität. Es ist längst bereit, zum wahrhaftigen ICH BIN zu werden. Es wird dich auf eine neue Art begleiten ... in deine eigene Schöpferkraft. Es wird dich spüren lassen, dass du wirklich **bist** und ... **wer** du wirklich bist!

Dein altes Ego meinte, dass es Energie von außen braucht, um zu existieren. Es inszenierte deshalb die verschiedensten Spiele, um diese Energie zu bekommen ... durch Lob und Anerkennung ... durch Geld ... durch Macht über andere ... und auch durch das, was du Egoismus nennst ... ja, es wollte reicher, größer und schöner sein als andere. Und dafür kämpfte es...

Dein ICH BIN versteht, dass es einfach aus sich selbst heraus existiert. Es braucht diese Spiele nicht, um seine Stärke zu präsentieren. Es weiß, dass es keine Energie von außen braucht ... denn es weiß: **Ich bin vollkommen! Ich habe Alles bereits in mir.**

Dieses innere Wissen trägst du bereits in dir. Du brauchst es dir einfach nur zu erlauben – es jetzt wieder neu zu entdecken.

Schließe nun einmal deine Augen, nimm einen tiefen Atemzug und spüre dabei **nur dich**... Kannst du in diesem Moment Ja sagen ... zu dir selbst ... zu deinem Leben? Kannst du dir in diesem Moment erlauben, vollständig hier anzukommen und von nun an dein eigenes Spiel zu spielen? Dieses Spiel ganz bewusst zu **deinem** Spiel werden zu lassen? Wenn du dazu ein klares Ja sagen kannst, dann atme dieses Ja tief in dich hinein ... denn damit hauchst du selbst Leben in dich hinein ... und das Leben kann und wird dich unterstützen!

Geh nun weiter aufmerksam durch deinen Alltag. Achte besonders darauf, an wen du immer noch deine Macht abgibst ... und von wem du immer noch meinst Energie zu brauchen.

Lieber Menschenengel, niemand hat mehr Schöpferkraft, niemand hat mehr Energie als du selbst! Niemand kann dir wirklich sagen, was du tun sollst! Niemand hat deine Antworten – nur du selbst hast sie in dir. Selbst die Engel können die Dinge nicht für dich tun. Sie können nur deine Entscheidungen, deine Absichten unterstützen – auf ihre ganz spezielle Weise. Doch sie brauchen dafür etwas sehr Wichtiges: deine klare Anweisung.

Achte nun also bei allem, was du tust, sagst, entscheidest, auf deine eigenen Gefühle. Achte darauf, dass es **deine** Entscheidung für **dich** ist. Achte darauf, ob **du** dich damit wohl fühlst.

Und dann ... triff deine Entscheidungen, jedoch nur für dich! Du bist es gewohnt, für andere Menschen den Heiler zu spielen, du willst, dass es ihnen gut geht, dass sie glücklich sind. Nun ist es an der Zeit, dies zuerst einmal für dich zu tun. Darum sorge ab jetzt besonders gut für **dich** ... unternimm alles, um **dich** zu heilen, für **dich** da zu sein, **dir** Freude zu bereiten! Überlass dies nicht deiner Außenwelt, sondern übernimm endlich diese Rolle für dich selbst.

Denke immer daran, dass du niemals alleine bist. Ich begleite dich in jedem Gedanken, in jedem Atemzug … ich bin das, was du bist.

In tiefer Liebe … deine Seele

Übung zur 8. Botschaft:

Achte bei allem, was du tust, sagst, entscheidest, auf deine eigenen Gefühle. Achte darauf, dass es ***deine*** *Entscheidung für* ***dich*** *ist. Achte darauf, ob* ***du*** *dich damit wohl fühlst. Und dann … triff deine Entscheidungen, jedoch nur für dich!*

♥

Wir sind es wohl alle viel zu sehr gewohnt, darauf zu achten, dass es anderen gut geht. Doch wann achten wir auf uns, auf unsere eigenen Gefühle – auf das, was uns selber gut tut?

Bei dieser Übung wird dir auffallen, dass du dir selbst am wenigsten Aufmerksamkeit und Achtung schenkst. Du wirst bemerken, dass du viele Entscheidungen triffst, an denen du überhaupt nicht beteiligt bist. Du führst sie nur aus, ohne darüber nachzudenken. Doch es sind die Entscheidungen anderer … über dich. Das kannst du ab heute ändern, denn jetzt ist es dir bewusst!

♥ 9. Botschaft:

Dein bester Ratgeber

Liebes Menschenwesen,

deine Energie verändert sich gerade, und das hast du sicher auch gespürt. Du bist dabei, dich wieder mit dir selbst zu verbinden ... mit deinem Ursprung, mit dem, was du wirklich bist. Ja, du beginnst gerade damit, dich zu entdecken und dich selbst richtig kennenzulernen. Doch dies ist nur der Anfang von dem, was du deine neue Identität nennen würdest ... deine Identität als bewusster göttlicher Mensch.

Dein Verstand mag dich jetzt ein wenig beschäftigt haben mit Fragen über dein Ego ... über deine Identität.

Mein lieber Menschenengel, die Antworten wirst du auf diese Weise nicht finden, denn dein Verstand kann nicht einmal erahnen, wozu du wirklich fähig bist. Ganz einfach deshalb, weil er es nicht weiß und nirgends einordnen könnte.

Achte ab jetzt verstärkt auf dein Umfeld, denn es könnte dich vor kleine oder größere Herausforderungen stellen. Deine Außenwelt zeigt dir sehr gut, wo du dich immer noch nicht selbst lebst, wo du immer noch mehr auf andere schaust ... als auf dich.

All dieser Kampf um Energie, den du wahrnimmst, will dich nur dazu auffordern, mehr auf deine eigene Energie zu achten ... darauf, was äußere Umstände oder auch Menschen mit dir und deiner Energie tun ... und – wie du dich dadurch veränderst.

Achte deshalb aufmerksam darauf, wann du dich von deiner Außenwelt abhängig fühlst. Und wenn du diese Abhängigkeiten entdeckst, nimm einen tiefen Atemzug und entlasse sie ... befreie sie aus deinem Leben und kehre im gleichen Moment zu dir selbst zurück!

Alles was du benötigst, alle Lösungen und Potenziale findest du nur in dir selbst. Niemand kann dir sagen, was das Beste für dich wäre, denn für jeden sieht diese Antwort anders aus.

Darum ist es wichtig, dir selbst zu vertrauen vor allem anderen dir selbst! Sei dabei gewiss, du kannst niemals etwas *falsch* machen oder gar scheitern, wenn du deinem Herzen folgst. Denn es kennt ganz sicher deinen besten Weg.

Geliebter Menschenengel, du willst immer noch die Welt retten. Du willst andere heilen ... du willst sie verändern ... du willst, dass es ihnen gut geht. Doch mit diesem Bestreben entfernst du dich jedes Mal ein Stück mehr von dir selbst.

All die Dinge, die du *für andere* erreichen willst ... bring sie **zuerst einmal** in dein eigenes Leben! Zeige dir selbst – und damit auch anderen – welch großartiges Schöpferwesen du bist! Einfach dadurch, dass du hier bist ... in diesem wundervollen Spiel.

Ab jetzt bekommst du einen ganz besonderen Berater, den besten, den du jemals haben kannst: dich selbst. Ja, du hast richtig gelesen.

Es geht darum, all die Ratschläge, all die guten Tipps, die du für andere auf Lager hast, **dir** selbst zu geben. Du bist hier in einem ganz besonderen Kurs: **Ich liebe mich.** Nun, was meinst du, **wer** diese Worte zu dir sagt? Gott? Die Menschen, die du triffst? Die Engel um dich herum?

Es gibt nur ein einziges Wesen, das diese Worte aussprechen und dabei **dich** meinen kann: das bist **du selbst**! Darum ist es wichtig, nun ganz und gar auf dich zu schauen und dir in diesem Moment – jetzt – diese Liebe zu dir selbst zu schenken.

Beobachte deine Gespräche mit anderen Menschen, deine Aufmerksamkeit, deine Gefühle, die du dabei spürst. Was willst du damit erreichen? Wen willst du verändern? Warum willst du, dass es anderen gut geht, vielleicht sogar besser als dir?

All diese Mechanismen, die in dir ablaufen, sie tun dies schon seit Äonen in dieser Form. Du hast sie übernommen und niemals hinterfragt. Doch nun ist es an der Zeit, genau das zu tun. Nun ist es Zeit, damit aufzuhören, euch gegenseitig zu manipulieren.

Denn nichts anderes ist es, wenn du andere verändern willst. Wenn du willst, dass sie deinem Bild entsprechen, deinen Glaubensvorstellungen von Gut und Böse. Doch woher willst du wissen, was für sie tatsächlich gut ist? Woher willst du wissen, welche Erfahrungen ihre Seele gewählt hat? Woher nimmst du dir das Recht, Gott für sie zu spielen und sie zurechtzurücken? Lieber Menschenengel, sei endlich in deinem eigenen Haus der Herrscher – und **nur** in deinem eigenen!

Verändere dich selbst und du wirst die Welt verändern. Verändere dein eigenes Leben, deine eigene Sichtweise und du veränderst damit auch Alles-Was-Ist!

Sei in dieser Woche alleine nur Ratgeber für dich. Gebe dir selbst all die Antworten, die du so gerne anderen geben würdest. Du wirst dabei entdecken, welch großartige Antworten bereits in dir sind. Du wirst ebenfalls herausfinden, wie du sie für dich anwenden kannst – und wie du dein Leben dadurch verändern kannst.

Das einzige, das du dabei verlieren kannst, ist deine Abhängigkeit. Der größte Gewinn ist ... das Vertrauen in dich selbst! Das Vertrauen, dass du bereits vollständig bist, dass du in deinem Ursprung die Quelle bist, die alle Antworten für dich bereits kennt.

Diese Antworten findest du nicht in deinem Verstand. Auch das, was du bisher als Ego bezeichnet hast, kann sie dir nicht geben. Denn es würde dir nur weiterhin sagen, wie unvollkommen du bist ... dass du nicht groß genug, nicht reich genug, nicht gut genug bist. Da es sich mit anderen misst, wird es immer nach all diesen Unterschieden Ausschau halten.

Verbinde dich stattdessen mit deinem wahren ICH BIN ... atme es tief in dich hinein. Dort bist du immer vollkommen, du **bist** einfach. Mehr kannst du niemals sein. Es enthält Alles, was du jemals warst ... Alles was dich ausmacht ... all deine Fähigkeiten ... deine wahre Größe.

Bist du bereit, nun in deinem Spiel, in deinem Leben dein bester Berater zu sein? Kannst du anderen in Liebe erlauben, ihrem eigenen Weg zu folgen – so wie du deinem folgst? Dann nimm einen tiefen Atemzug ... und sage hier und jetzt **laut** zu dir selbst:

ICH BIN vollkommen wie ICH BIN!

Diese Worte kannst nur du selber dir sagen, niemand kann es für dich tun. Niemand kann dir mehr vertrauen als du dir selbst. Niemand kann deine Gefühle fühlen – nur du. Du kannst keinen anderen Weg gehen – nur deinen eigenen. Es ist nun an der Zeit, gut für dich zu sorgen und deine eigene Welt zu verändern. Du bist jetzt wichtig – für dich!

Das sagt dir heute in unendlicher Liebe deine Seele

Übung zur 9. Botschaft:

Sei in dieser Woche alleine nur Ratgeber für dich. Gebe dir selbst all die Antworten, die du so gerne anderen geben würdest.

♥

Sich selbst der beste Ratgeber sein – diese Übung könnte zu Anfang ziemlich ungewohnt sein. Doch sie wird etwas Wunderbares in dir auslösen: den innigen Kontakt mit deiner Seele. Den bekommst du nämlich nur, wenn du in deinem Inneren nach eigenen Antworten suchst, anstatt deine Außenwelt zu fragen.

Noch etwas: Du übernimmst damit wieder die Verantwortung für dich selbst und hörst auf, anderen die Schuld für etwas zu geben, nur weil du ihrem Rat gefolgt bist. Ein großer Schritt zum Ausstieg aus dem alten dualen Spiel!

♥ 10. Botschaft:

Ich liebe mich!

Liebes Menschenwesen,

dir ist nun vieles bewusst geworden, was du in deinem Leben ändern kannst. Mit den bisherigen neun Schritten hast du in den letzten Wochen sicher große Fortschritte gemacht.

Wenn du mit der Umsetzung in deinem Leben noch nicht begonnen hast, dann empfehle ich dir, das jetzt zu tun. Danach kannst du voller Zuversicht die nächsten Schritte gehen.

Ja, es gibt auch jetzt immer noch Situationen, in denen andere über dich bestimmen. In vielen Bereichen lässt du dir von deiner Außenwelt vorgeben, wie dein Leben auszusehen hat und was du nach der Vorstellung anderer tun musst. Es ist sehr einfach, dies zu verändern, und du kannst sofort damit beginnen: Treff eine klare Wahl – nur für dich selbst! Lass dabei jegliche Vorgaben, jegliche Erfahrungen, jegliche Vorstellungen oder Erwartungen vollkommen gehen, sie würden das Ergebnis nur begrenzen. Du weißt doch: du bist ein grenzenloses Wesen!

Fühle in diesem Moment einmal in die folgenden Worte hinein: Gott sieht die Welt durch **deine** Augen und hört sie durch **deine** Ohren – er nimmt sie wahr durch **dich**! Du bist Gott, der gerade spielt ... ein Mensch zu sein. Und das tust du in jedem Augenblick perfekt!

Nun, du kannst gerne weiterhin spielen, klein und schwach zu sein ... gefangen zu sein ... wenn du es wirklich willst. Doch was würde passieren, wenn du nun beginnen würdest, ein anderes – ein neues – Spiel zu spielen? Wer oder was könnte dich jetzt noch davon abhalten? Wer oder was könnte verhindern, dass du nun das Spiel deiner eigenen Wahl spielst – und so wie **du** es bestimmst, wie **du** es wählst?

Nimm dir nun ein wenig Zeit für eine Atemreise, in der du eine besondere Liebe spüren wirst: Es ist die Liebe von dir selbst!

Lade in dieser Zeit mich, deine Seele ein, dabei zu sein. Lade ebenfalls all deine Anteile ein und erlaube ihnen ... dich einfach nur zu lieben. Du selbst hast es bisher verhindert. Du selbst hast dir im Weg gestanden und dich vor ihnen versteckt. Nun erlaube ihnen, bei dir zu sein und dich ihre Liebe spüren zu lassen.

Sei dabei ohne Erwartung, auf welche Weise du dies spüren wirst ... auf welche Weise sie dir erscheinen. Bleibe in dieser Zeit einfach nur ganz und gar bei dir und atme die Liebe ein, die sie dir schenken. Nimm sie ganz tief in dich hinein und erinnere dich: **das alles bist du!**

All diese Aspekte gehörten zu deinem bisherigen Spiel. Sei ihnen jetzt einfach nur dankbar für all ihre Rollen, die sie verkörpert haben – die du nur mit ihnen und durch sie erfahren konntest. Sie haben immer nur deinem Wunsch entsprochen, dem Wunsch ihres Schöpfers. Du brauchst überhaupt nichts mit ihnen tun. Spüre und genieße einfach ihre unendliche Liebe zu dir...

Die Liebe deiner Seele, mein lieber Menschenengel, sie wird dich von nun an immer begleiten und du wirst sie spüren, sobald du dir dessen bewusst bist. Ganz gleich, was du tust, was du sagst ... was du dir in deinem Leben erschaffst. Für all das hast du die größte Liebe verdient – von dir selbst, von Gott, von der Quelle, die du in Wahrheit bist!

Wahre Liebe hat nichts damit zu tun, etwas zu mögen oder gar es für sich haben zu wollen, es zu besitzen. Wahrhaftige Liebe lässt etwas genau so sein, wie es gerade ist. Wahre Liebe erkennt in Allem die Vollkommenheit, niemals den Mangel. Deine Seele ist und war in jedem Augenblick ihrer gesamten Existenz vollkommen, es gibt nichts, was ihr fehlen könnte. Ja, du bist ein vollkommener Ausdruck der Quelle in einer einmaligen und perfekten Ausgabe.

Sieh **dich** an ... und du siehst Gott. Berühre **dich** ... und du berührst Gott. Gott, die Quelle, macht niemals Fehler, nur Erfahrungen ... in einer einzigartigen Weise gerade jetzt durch dich! Bist du bereit, dich genau dafür lieben zu lassen ... von dir selbst?

Ganz gleich, wie du dich gerade fühlst ... was du gerade erlebst ... wie dein Spiel gerade aussieht. Es gibt nichts, wofür du keine Liebe verdienst ... in jedem einzelnen Augenblick! Es ist Zeit, dir selbst diese Liebe zuzugestehen, sie dir zu erlauben – auch wenn andere es nicht tun. Denke immer daran: Auch sie sind Gott – in ihrem eigenen Spiel, das nicht deins ist.

Es ist nun Zeit für ein neues Spiel: dein eigenes Spiel! Damit veränderst du einfach Alles-Was-Ist, und Alles wird darauf reagieren.

Nimm dir nun jeden Tag mindestens 5 Minuten Zeit, die nur dir allein gehört und in der du ganz still wirst. Spüre in dieser Zeit nur dich und die Liebe deiner Seele... Sei ganz nah bei dir ... atme dich selbst in dich hinein...

Du – nur du – bist der Mittelpunkt **deines** Lebens. Nur du kannst es verändern und darüber entscheiden – in jedem einzelnen Moment!

Ich liebe dich grenzenlos und über alles...

Deine Seele

Übung zur 10. Botschaft:

Nimm dir nun jeden Tag mindestens 5 Minuten Zeit, die nur dir allein gehört und in der du ganz still wirst. Spüre in dieser Zeit nur dich und die Liebe deiner Seele… Sei ganz nah bei dir … atme dich selbst in dich hinein…

♥

Beziehe in diese Übung ruhig die Atemreise mit ein. Sie wird dich auf wunderbare Weise die Liebe von dir selbst und die Liebe deiner Seele spüren lassen.

♥ 11. Botschaft:

Dein eigener Weg

Liebes Menschenwesen,

inzwischen sind dir einige deiner Anteile begegnet, auf unterschiedliche Weise. Doch dies ist nur ein äußerst kleiner Bruchteil von dem, was sie wirklich bedeuten ... und was du in deiner Gesamtheit tatsächlich bist.

Sie alle lieben dich unendlich, denn du bist, was sie sind. Deswegen können sie gar nichts anderes tun als dich in vollkommener Weise zu lieben.

Und was tust du? Immer dann, wenn du einen Teil von dir ablehnst ... ihn nicht akzeptierst und somit nicht liebst, trennst du dich von deiner eigenen Vollkommenheit. Du verleugnest dich selbst ... jedes Mal von Neuem. Doch bedenke dabei: deine Anteile sind dadurch nicht verschwunden ... du kannst sie niemals vernichten ... denn du hast jeden einzelnen von ihnen erschaffen und deshalb sind sie sehr real.

Nimm nun einmal einen tiefen Atemzug und fühle in dich hinein ... wie es ist, abgelehnt zu werden. Was meinst du, welche Energie du damit erschaffst? Welche Botschaft du damit in deine Welt aussendest?

Ja, du trennst dich auf diese Weise in viele einzelne Teile, die sich wiederum von dir abwenden. Doch sie tun dies nur, weil sie sich einsam fühlen und verlassen ... dabei wollen sie nur eins: zu ihrem Schöpfer ... zu dir nach Hause zurück. Das ist genau das, was du im Grunde deiner Seele auch willst … zurück zur Einheit, in dein eigenes Königreich. Das ist deine Sehnsucht nach Hause, die du immer wieder spürst.

Lieber Menschenengel, Alles was du bist – auch all deine ungeliebten Anteile – gehören zu dir und sie können niemals wirklich von dir getrennt werden. Sie können nur heimgebracht werden ... zurück zu ihrer Quelle, die du selber bist. Ja – du kannst sie in der Tat aufnehmen wie den verlorenen Sohn und die verlorene Tochter. Denn sie warten schon sehr lange auf diesen Moment der göttlichen Vereinigung...

Sobald du dies wirklich – mit dem Herzen – verstehst, geschieht etwas Wunderbares: All diese Söhne und Töchter von dir ... all deine Aspekte beginnen sich augenblicklich zu verändern. Sie passen sich in diesem Moment deiner Erkenntnis an deine jetzige Energie an ... und erkennen gleichzeitig – genau wie du – dass alles nur ein Spiel war. Ein fantastisches Spiel, um sich selbst besser kennenzulernen. Um all die Möglichkeiten zu erforschen ... um all diese wertvollen Erfahrungen machen zu können, die du nur in einem menschlichen Körper machen kannst.

Allein für diesen Dienst hast du die großartigste Liebe verdient, die es gibt: deine eigene Liebe ... die Liebe deiner Seele zu dem, was du bist. Diese Liebe übertrifft alles, was du dir jemals vorstellen könntest. Sie ist vollkommen anders als die Liebe zu einem Menschen, die übrigens sehr vergänglich ist. Sie ist also in keiner Weise vergleichbar mit der Liebe, die du bisher kennst. Sie ist sehr viel größer und erfüllender ... unendlich viel größer und erfüllender! Um sie fühlen und erleben zu können, ist es wichtig, dir selbst folgende Fragen zu stellen:

Kannst du dich dafür lieben, dass du als Mensch hier auf die Erde gekommen bist?

Kannst du dich dafür lieben, dass du, um es mit deinen Worten auszudrücken, so etwas wie *Fehler* gemacht hast?

Kannst du dich auch dafür lieben, dass du vermeintlich anderen Menschen Schaden zugefügt hast?

Und kannst du dich ebenso dafür lieben, dass dein Körper nicht so funktioniert oder aussieht, wie du es gerade gerne hättest?

Kannst du dir selbst – und deiner Seele – für all diese Erfahrungen ganz einfach nur dankbar sein? Kannst du wirklich zu all diesen Erfahrungen aus ganzem Herzen Ja sagen? Kannst du sie akzeptieren als das, was sie in Wahrheit sind: ein göttliches Versteckspiel – um dich selbst wiederzufinden – jetzt in dieser besonderen Zeit?

Halt – gib nicht gleich auf! Denn in diesem Moment kannst du sicherlich nicht mit einem klaren Ja antworten. Fast jedes Menschenwesen verwechselt Liebe noch immer damit, etwas zu mögen ... sich zu etwas hingezogen zu fühlen. Doch dieses Gefühl ist von wahrer Liebe weit entfernt.

Du liebst deine Kinder, deinen Partner, vielleicht auch deine Freunde. Und das meinst du sehr ehrlich. Doch sieh einmal etwas genauer hin. Liebst du sie wirklich? Oder willst du sie immer noch verändern, so dass sie in dein Weltbild passen? Willst du von ihnen zurückgeliebt werden? Willst du, dass sie dich beachten – und dich auf diese Weise energetisch nähren? Was wäre, wenn es nicht so wäre?

Solange du diese Vorstellungen in deinem Bewusstsein hast, werden sie von dir die gleiche Beachtung, die gleiche *Nahrung* fordern ... sie werden gewissermaßen von deiner Energie abhängig bleiben und du ebenso von ihrer. Ist es wirklich das, was du weiterhin willst?

Es geht nun darum, wieder bewusst Schöpfer zu sein und die einzig wahre Liebe in dir selbst zu finden. Erst dann wirst du diese Akzeptanz zu Allem was ist in die Welt hinaus senden können. Du wirst zu einem Magnet in deiner Welt ... der dir diese Energie der Liebe und Akzeptanz ebenfalls zurückbringen wird.

Beginne damit, dir selbst zu vertrauen – in jeder Situation! Vertrau deinen göttlichen Kräften, die du immer und überall zur Verfügung hast! Wende sie endlich an und zeige der Welt, was es heißt, sich selbst zu lieben ... damit auch sie es von dir lernen, es dir nachmachen kann. Vertraue dir selbst in vollkommener Weise und Alles steht dir zur Verfügung. Es gibt nichts, was dich noch aufhalten könnte, außer deinem fehlenden Glauben in dich selbst! Handle in jedem Moment so, wie du es in dir fühlst. Folge deinen eigenen inneren Impulsen. Und wenn du es gerade nicht tust, frage dich, warum dies so ist und wie du es ändern kannst.

Treff jeden Tag mindestens eine neue Wahl für dein eigenes Leben, ganz gleich was es ist. Diese Wahl kannst du jederzeit verändern, wenn sie dir nicht mehr gefallen sollte. Wichtig ist allein, dass du sie ganz bewusst nur für dich triffst. Dass du niemals über das Leben anderer Schöpfer entscheidest, denn jede Seele hat ein Recht auf eigene Erfahrungen!

Wenn du beginnst, wahrhaftig ein bewusster Schöpfer zu sein und die Verantwortung für Alles in deinem Leben zu übernehmen, wirst du feststellen, dass du nicht mehr manipulierbar bist. Denn in diesem Moment kehrst du als Schöpfer in dein eigenes Königreich zurück. Und deine gesamte Schöpfung beginnt sich zu verändern ... sie beginnt darauf zu reagieren und dir auf neue Weise zu dienen.

Kannst du nun beginnen, wieder das Regiment in deinem eigenen Königreich zu übernehmen? Kannst du dir erlauben, all die alten Begrenzungen beiseite zu räumen, an die du bisher geglaubt hast – und dein Zuhause nach deiner Wahl einzurichten ... so wie es einem Königreich angemessen ist? Erlaubst du dir, wieder Alles zu sein und Alles zu dir kommen zu lassen ... es neu und grenzenlos sein zu lassen?

Es sind deine Wahlen und für jede einzelne von ihnen liebe ich dich!

Deine Seele

Übung zur 11. Botschaft:

Treff jeden Tag mindestens eine neue Wahl für dein eigenes Leben, ganz gleich, was es ist. Diese Wahl kannst du jederzeit verändern, wenn sie dir nicht mehr gefallen sollte. Wichtig ist allein, dass du sie ganz bewusst nur für dich selbst triffst.

♥

Geh spielerisch mit dieser Übung um. Dann macht sie dir am meisten Spaß. Ein paar Beispiele dazu aus meinem eigenen Leben:

– Ich gestalte meinen Tagesablauf nach eigenen Wünschen.

– Ich richte mir einen eigenen Platz in der Wohnung ein.

– Ich unternehme etwas ganz alleine.

Experimentiere ruhig auch ein wenig herum und hebe dabei bisherige Grenzen auf. Du wirst staunen, was dir alles möglich ist!

♥ 12. Botschaft:

Dein Körper, das unbekannte Wesen

Liebes Menschenwesen,

du hast in den letzten Wochen viel entdeckt ... über dich selbst. Du bist einigen deiner Anteile begegnet, sowohl geliebten als auch ungeliebten. Sie alle wollen nur eins: wieder zurück zu dir. Sie wollen einfach nur ... nach Hause, genau so wie du. In dem Moment, in dem du sie als das sehen kannst, was sie sind – verschiedene Rollen, in denen du ganz bestimmte Erfahrungen machen konntest – werden sie dir mit neuer Energie dienen können.

Vielleicht hast du dich plötzlich leer gefühlt. Oh ja, manchmal fühlst du dies immer noch ... du bist müde ... lustlos. Du meinst in diesen Momenten, keine Energie zu haben. Doch all das ist keineswegs so, wie es dir scheinen mag. Es geht einzig darum, dich ein wenig aus dem Verkehr zu nehmen ... damit die wirkliche Arbeit getan werden kann. Dein Verstand, dein Körper, ja auch dein Bewusstsein ... sie brauchen diese Ruhe, diese Auszeit, um sich auf eine neue Ebene zu begeben ... in eine neue Ordnung.

Ja, in der Tat, du bist mitten in einer Neuordnung, und dies betrifft dein gesamtes Sein. Viele deiner Anteile werden dir noch begegnen. Sie werden nach und nach hereinkommen und du wirst sie fühlen ... sie werden sehr präsent in deinem Leben erscheinen ... doch immer nur soweit, wie du es ihnen erlaubst – wie du sie einlädst, wieder nach Hause zu kommen.

Auch dein Körper ist ein Anteil von dir. Er begleitet dich durch dieses Leben auf der Erde. Durch ihn machst du die äußerst wertvolle Erfahrung, wie es ist, sich als ein unbegrenztes Wesen, das du bist ... begrenzt zu fühlen. Ohne ihn könntest du auch nicht das wundervolle Gefühl erleben, berührt zu werden ... diese Welt mit allen Sinnen zu genießen und zu erkunden. Aus diesem Grund hast du ihn dir erschaffen und aus diesem Grund bist du gerade jetzt hier.

Lieber Menschenengel, schließe nun einmal deine Augen und nimm einen tiefen Atemzug… Und dann ... berühre deinen Körper ... deine Haut ... dein Gesicht ... streichle dich ganz sanft und zärtlich ... sei dabei vollkommen präsent ... und spüre ... **nur dich**!

Nimm dir genügend Zeit dafür, denn es bringt dich näher ... zu dir ... zu dem Engelwesen, das du wirklich bist. Es bringt dich in diesen einzig wahren Augenblick ... in diesen wahrhaft göttlichen Moment ... nur mit dir allein.

Was hast du dabei gespürt, als du dich ... deine Haut ... deinen Körper berührt und gestreichelt hast? Wer war in diesem Moment anwesend? Ich werde es dir sagen: nur du ... und ich, deine Seele ... dein wahres Sein. Das einzig Wahre und das Wichtigste, das es für dich gibt!

Auch all deine Seelenanteile gehören zu dir. Auch sie wollen gestreichelt ... und geliebt werden. Doch sie sind nicht mehr als ein Kleid, das du ausgezogen hast ... ein Spiel, das du einmal gespielt hast. Was du jetzt noch von ihnen spürst, sind lediglich Erfahrungen ... vergangene Eindrücke ... Gefühle ... mehr nicht. All diese Anteile, diese Aspekte von dir sind nur dazu da, um dich reicher, vollkommener zu machen. Sie haben keine Gültigkeit mehr, wenn du sie ihnen nicht mehr gibst! Nur du allein bestimmst, was jetzt – in diesem Moment – Gültigkeit für dich und dein Leben hat!

Du – Gott – bist aus einem einzigen Grund auf diese Erde gekommen ... hier in dieses wunderbare Spiel. Du bist hier, weil du dich als das wahre Wesen, das du bist, in diese Welt bringen willst, mit deiner einzigartigen Energie! Niemand wird **deine** Energie jemals ersetzen können! Denn niemand ist genau wie **du**!!

Es ist nicht wichtig, was du **tust**. Niemals könnte so etwas wie *Arbeit* oder *Geschäftigkeit* deinen Wert bestimmen! Einzig wichtig ist dein **Sein** ... und dass du **da** bist, genauso wie du gerade bist! Denn allein dadurch veränderst und bewegst du die Welt ... für dich selbst und gleichermaßen für Alles-Was-Ist!

Alles, was du um dich herum wahrnimmst, gehört zu deinem Spielplatz. Alles ist hier, um dir zu dienen ... und mit dir ein großartiges und einzigartiges Spiel zu spielen – das übrigens nur du als der, der du bist, genau **so** spielen kannst!

Schau dir die Kinder auf einem Spielplatz an. Sie nehmen das, was da ist und erforschen es ... erschaffen damit ... spielen damit. Sie fragen nicht, ob es einen Sinn hat, wie es ihnen dient, ob es richtig oder falsch ist. Sie erlauben es sich einfach, neue Erfahrungen zu machen, ganz gleich, wohin es sie bringt. Und täglich beginnen sie ein neues Spiel ... gehen wieder nach Hause ... und beginnen wieder neu.

Deine begrenzte Welt in deiner vermeintlichen Identität ist nichts anderes als dieser Kinderspielplatz. Du hast jedoch vergessen, dass du jeden Tag ein neues Spiel beginnst – und dass es immer **dein** Spiel ist.

Es gibt in diesem Spiel nur einen, dem du es recht machen kannst: **dir**! Es gibt nur einen, den du niemals wirklich betrügen kannst: **dich**! Es gibt nur einen, den du niemals aus diesem Spiel ausschließen kannst: **dich**!

Bringe dich endlich in deiner Großartigkeit in diese Welt – komm endlich vollständig hier an! Sei endlich ganz und gar präsent – hier und jetzt!

All die Wünsche, die du anderen erfüllen willst ... es sind deine eigenen Wünsche an dich selbst, an **dein** Leben! Und es ist Zeit, dass du sie **dir** endlich erfüllst! Denn niemand anderer wird es für dich tun können! Du bist hier, um diese Welt zu verändern – DEINE Welt!

Und niemand wird dir sagen können, auf welche Weise dies geschieht oder geschehen sollte. Nur du allein weißt es. Es ist bereits in dir. Du hast es mitgebracht, als du in dieses Leben auf der Erde kamst.

Fang also damit an, dich in jedem Moment selbst zu beschenken ... mit dir!

Beginne jeden Tag neu – **mit dir! Sag Ja zum Leben!** Sag Ja dazu, dass du hier bist und alleine durch deine Anwesenheit Gott die Gelegenheit gibst, die Welt in einem Körper, durch dich, in einzigartiger Weise zu erfahren. Nicht irgendeinem undefinierbaren Gott in irgendeinem undefinierbaren Himmel... Gott ganz persönlich – jetzt gerade – in dir und durch dich!

Vergiss niemals, warum du hier bist ... denn **du** wolltest diese Erfahrungswelt bereichern – durch deine Anwesenheit!

Du bist dabei niemals wirklich alleine!

Atme ... sei ... lebe ... und liebe dich ... bewusst in jedem einzelnen Moment ... Erlaube dir endlich, Mensch zu sein und gleichzeitig – in unendlicher Liebe … auch Gott!

Du bist es längst und bist es immer gewesen. Auch wenn du es vergessen hast, geliebter Menschenengel.

Heute erinnere ich dich wieder daran.

In Liebe … deine Seele

Übung zur 12. Botschaft:

Schließe nun einmal die Augen und nimm einen tiefen Atemzug… Und dann … berühre deinen Körper … deine Haut … dein Gesicht … streichle dich ganz sanft und zärtlich … sei dabei vollkommen präsent … und spüre … ***nur dich!***

♥

Diese Übung wird einiges in dir bewegen. Ich rate dir sehr, dir Zeit dafür zu nehmen, jeden Tag. Es ist eine wunderbare Vorbereitung für den dritten Teil dieses Kurses, der dich noch näher zu dir führt.

TEIL 3 - MEIN KÖRPER UND ICH

Im dritten Teil bekommt ein wichtiger Teil von dir eine besondere Bedeutung und ganz viel Aufmerksamkeit: dein Körper. Er ist dein bester Freund auf Erden, und dafür hat er all deine Liebe verdient.

Vielleicht wird dir in diesen Botschaften zum ersten Mal bewusst, wie perfekt und wunderbar dein Körper funktioniert. Du wirst erfahren, wie unbestechlich dieser Freund ist. Denn er ist immer ehrlich zu dir, ganz gleich, wie du ihn behandelst.

Jetzt kannst du eine liebevolle zärtliche Beziehung zu deinem Körper aufbauen. Du kannst ihn wertschätzen, ihn pflegen und ihm das Beste geben, was er bekommen kann: deine Liebe.

Wahrscheinlich hat dein Körper sehr lange auf diesen Zeitpunkt gewartet. Ja, seine Geduld ist wirklich unermesslich. Belohne ihn dafür … mit einem tiefen Gefühl der Dankbarkeit und Liebe.

Warte nicht darauf, dass andere Menschen dich und deinen Körper zärtlich verwöhnen. Gib dir zuerst einmal selbst all die Liebe, die du im Außen erwartest. Verwöhne dich … streichle dich … und sei ab jetzt sehr liebevoll zu dir. Dann wirst du staunen, wie deine Welt sich verwandelt.

♥ 13. Botschaft:

Die sexuelle Kraft in dir

Liebes Menschenwesen,

beginnen wir nun mit einem sehr wichtigen Teil deines Selbstliebe-Trainings, der sexuellen Kraft in dir.

Was meinst du, was diese Kraft bedeutet?

Nun, sie ist ein Teil von dir, den du nicht verleugnen oder einfach abschalten kannst. Denn sie ist Lebenskraft pur. Sie erfüllt dich mit Lebendigkeit und lässt dich für kurze Momente den Himmel auf Erden spüren.

Durch die einstige Trennung deiner vereinten Kräfte von männlich und weiblich – maskulin und feminin – bekam die sexuelle Kraft eine andere Bedeutung als sie im Ursprung hatte. Sie wurde in der Tat missbraucht, denn jeder verkörperte Menschenengel wollte sich durch den scheinbar fehlenden Teil wieder ergänzen. Und so begann ein Kampf um Energie, der Kampf der Geschlechter, wie du es nennst.

Lieber Menschenengel, jeder von euch hat alles in seiner Vollkommenheit in sich. Du bist nicht das Wesen, das du meinst zu sein. Du bist nicht nur eine Frau oder nur ein Mann. Du bist immer sowohl maskulin als auch feminin oder – wie du sagen würdest – männlich als auch weiblich.

Da sich auch die Energie auf der Erde verändert hat, hinein in eine neue Energie, gilt es nun, diese beiden Anteile in dir wieder zu vereinen. Wenn du dazu wahrhaftig bereit bist, wirst du nicht mehr nach einer Ergänzung im Außen suchen. Du wirst diese Ergänzung stattdessen in dir selbst finden … du wirst Alles sein ... und es auch leben können.

Du suchst nach einer sexuellen Ergänzung durch einen Partner. Du willst dich selbst im anderen spüren, begehrenswert sein.

Dieses Spüren, dieses Sehnen nach Nähe, nach Zuneigung, nach Berührung begann mit deinem ersten Atemzug, den du als Menschenkind gemacht hast. Ja, du hast sogar gleich bei deiner Ankunft erkannt, dass Berührungen lebenswichtig für dich sind ... und das sind sie in der Tat.

Wenn ein Engel auf die Erde ... in einen Menschenkörper kommt, braucht er eine Weile, um darin vollständig anzukommen. Im Grunde ist jede Seele in den ersten Jahren nur zu einem geringen Teil in ihrem neuen – übrigens anfangs sehr gewöhnungsbedürftigen – Körper. Der größere Anteil kommt erst nach und nach in den ersten Lebensjahren „herunter".

Um eine Seele auf der Erde zu halten, braucht es andere Menschen, die ihren Körper berühren. Mit jeder Berührung kommt dieser Menschenengel der Erde näher. Mit jeder Berührung vergisst er allerdings mehr von seiner wahren Heimat und taucht in die dreidimensionale Energie der Erde ein. Verstehst du nun, warum Berührungen in der Tat lebenswichtig sind, vor allem in diesen ersten Lebensjahren als Mensch?

Oh ja, Berührungen sind etwas Wunderbares auch für dich. Denn die Verbindung mit einem anderen Menschenengel lässt dich tief in deinem Herzen ... Zuhause fühlen. Mit jeder Umarmung umarmst du gleichzeitig einen Teil von dir selbst, ja, du umarmst ganz leibhaftig Gott.

In der sexuellen Vereinigung hast du mit Hilfe deines Körpers eine Möglichkeit gefunden, diese Nähe, diese Verbindung zu einem anderen Menschenengel sehr intensiv erleben und spüren zu können.

Es ist etwas sehr viel Großartigeres, was du dabei erlebst. Wenn zwei sich liebende Menschenengel sich auf diese Weise begegnen, vereinen sie ihre gesamten Potenziale ... ihre Seelenenergie ... zu einer wahrhaft göttlichen Einheit.

Männlich und weiblich – maskulin und feminin kann auf diese Weise wieder zueinander finden. Und bisher hast du diesen körperlichen Akt als einzige Möglichkeit gesehen, die Kraft und Energie des Einsseins zu spüren.

In diesen kurzen Momenten erzeugt ihr Menschenengel in der Tat eine Art Atomreaktor, jedoch nicht in Form einer Spaltung, sondern einer grandiosen Vereinigung – die in jedem von euch selbst stattfindet.

Kein Reaktor eurer Welt könnte eine größere Menge an Energie freisetzen, als du es kannst ... mit deiner eigenen Schöpferenergie. Ein Beispiel dafür kannst du im sexuellen Höhepunkt sehen. Doch dies ist nur eine von unzähligen Möglichkeiten...

Nun geht es zuerst einmal darum, diese beiden Kräfte – männlich und weiblich, maskulin und feminin – in dir selbst zu vereinen. Denn mit dieser Vereinigung bist du nicht mehr angewiesen auf ein anderes Wesen. Und du bist ebenso auch nicht mehr manipulierbar. Jede Manipulation beruht im Grunde nur auf dieser fehlenden Ergänzung.

Beginne damit, dich zu beobachten, in welchen Situationen du einen Partner „brauchst“. Sieh dir genau an, welche Energie es wirklich ist, die dir dann fehlt. Ist es Liebe, Verständnis, Zärtlichkeit? Nun, dann gib dir in diesen Momenten selbst diese Liebe, dieses Verständnis, diese Zärtlichkeit.

Finde heraus, was ein anderer Mensch dir geben soll, was du vermeintlich nicht besitzt. Und dann ... entdecke diese Eigenschaft, diesen fehlenden Anteil in dir selbst.

Du wirst nach und nach erkennen, dass es kein Wesen auf der Erde geben kann, keinen anderen Menschenengel, der dich so perfekt ergänzen kann wie du es selbst vermagst. Du wirst deine ursprüngliche sexuelle Kraft in einer neuen Form für dich einsetzen können als bisher. Und du wirst erkennen, wie Manipulation von anderen funktioniert.

Geliebter Menschenengel, nichts wäre vollkommener als du es bereits bist! Du hast es einfach nur vergessen, als du auf die Erde kamst – in ein Spiel des getrennt Seins von dir selbst.

Jetzt kannst du dich wieder daran erinnern und beide Energien in Einheit leben, hier in deinem Körper ... hier auf der Erde.

Namasté

In Liebe und Vollkommenheit unseres Seins

Deine Seele

Übung zur 13. Botschaft:

Beginne nun damit, dich zu beobachten, in welchen Situationen du einen Partner "brauchst". Sieh dir genau an, welche Energie es wirklich ist, die dir dann fehlt.

Ist es Liebe, Verständnis, Zärtlichkeit? Nun, dann gib dir in diesen Momenten selbst diese Liebe, dieses Verständnis, diese Zärtlichkeit.

Finde heraus, was ein anderer Mensch dir geben soll, was du vermeintlich nicht besitzt. Und dann … entdecke diese Eigenschaft, diesen fehlenden Anteil in dir selbst.

♥

Diese Übung wird dir vieles über dich zeigen und dir auch deine Abhängigkeiten bewusst machen. Damit wirst du mehr und mehr frei von Manipulationen.

Es geht nicht darum, allein durchs Leben zu gehen. Denn wer von uns möchte schon gerne auf einer einsamen Insel leben? Es geht darum, sich selbst im anderen zu erkennen – und auch darum, sich selbst und andere besser zu verstehen.

Mit dieser Übung bereitest du dich vor für eine echte Partnerschaft, in der sich zwei bewusste Schöpferwesen begegnen und ihr Leben in Achtung voreinander teilen.

♥ 14. Botschaft:

Seelenstreicheln

Liebes Menschenwesen,

was ist es, das dir an deiner eigenen Vollkommenheit immer noch fehlt? Was könnte ein anderer Mensch ergänzen oder dir geben, was du nicht bereits besitzt?

Du hast versucht, dies herauszufinden. Ja, du hast es versucht, und doch ist immer noch ein Teil von dir ratlos geblieben, was es denn nun sein könnte.

Nun ... was meinst du, was du wirklich vermisst? Ich werde es dir sagen: es ist ... die Anbindung an dein wahres Zuhause. Du fühlst dich alleine ... unvollständig, oftmals sogar wie ausgesetzt in einer Welt voller Herausforderungen.

Es ist gerade so, als hätte dir jemand die Tür zu deinem Zuhause versperrt und ließe dich nun draußen vor der Tür alleine zurück, in einer kalten und düsteren Welt.

Dieses Vergessen, in das du hier auf der Erde gegangen bist, lieber Menschenengel, ist die größte Leistung, die du als Engel vollbringen konntest. Und es ist gleichermaßen auch die schwierigste und traumatischste Erfahrung für eine Seele. Denn die Trennung von Zuhause ist schmerzhafter als alles andere es jemals sein könnte...

Du hast dort außerdem etwas sehr Wichtiges zurückgelassen, das dir bisher niemand in genau der gleichen Form geben konnte: das Gefühl, geliebt zu werden um deiner selbst willen ... nicht für eine Leistung, sondern einfach nur für das, was du bist.

Dein ganzes Leben lang bist du nun auf der Suche nach diesem Gefühl. Und du dachtet, dass irgendein anderer Mensch dir dies geben könnte, damit du dich endlich wieder als vollständige Einheit empfinden kannst.

Lieber Menschenengel, ja – es gibt in der Tat jemanden, der dir dieses Gefühl geben kann. Du kannst dieses Wesen sogar sehen, wenn du in den Spiegel schaust ... direkt in deine eigenen Augen. In diesem Moment blickst du buchstäblich in die Tiefe deiner Seele hinein und nimmst Kontakt mit mir auf.

Nur in der Verbindung mit mir, deiner Seele, kannst du das Gefühl der Trennung überwinden und all das in dir finden, wonach du schon lange sehnsüchtig auf der Suche bist.

Dieser andere Teil, deine eigene Ergänzung, sie lebt direkt in dir. Und wir werden nun beginnen, diesen Kontakt wieder herzustellen ... damit du Zuhause fühlen kannst ... ganz nah bei dir.

Ja, in der Tat, du kannst nun Zuhause hierher holen auf die Erde, in deinen Körper, jetzt und hier.

Erinnerst du dich? Nach deiner Ankunft auf der Erde brauchte dein Körper Berührungen, um vollständig darin anzukommen.

Um die feminine und die maskuline Kraft in dir zu vereinen, braucht dein Körper nun ebenfalls diese Impulse – jedoch dieses Mal von dir selbst. Kein anderes Wesen könnte es dir genau **so** vermitteln wie du selbst es kannst!

Die Voraussetzung dafür ist, deinen Körper vollständig anzuerkennen und ganz bewusst zu begrüßen als Wohnsitz deiner Seele auf der Erde. Und diese Anerkennung und gleichfalls tiefe Liebe kannst du ihm nun geben, indem du dir genügend Zeit nimmst, ihn ganz bewusst zu berühren ... ihn zu streicheln.

Er ist ein kostbares Geschenk, das du dir selbst gemacht hast, um jetzt in dieser besonderen Zeit auf der Erde zu sein und einzigartige Erfahrungen zu machen ... neue Erfahrungen ... ja, Erfahrungen eines bewussten Schöpfers, der seine Realität selbst verändern kann.

Mach dir dieses Streicheln zum Geschenk, so oft wie möglich, jeden Tag. Dies ist sehr wichtig, wenn du beide Ursprungsenergien wieder in dir vereinen willst. Lass dabei nach Möglichkeit keine Körperstelle aus, die du alleine erreichen kannst. Du wirst sehr vieles an dir entdecken, das dir bisher verborgen war. Damit gibst du nicht nur deinem Körper neue Lebensimpulse, sondern verbindest sozusagen den Himmel mit der Erde ... du holst Zuhause buchstäblich zu dir.

Es ist endlich Zeit, mein lieber Menschenengel, die Liebe deiner Seele wahrhaftig zu spüren. Es ist Zeit, wieder vollkommen eins zu werden mit dir selbst. Es ist Zeit, das alte Energiespiel zu beenden. Und es ist ebenfalls Zeit, deinen Körper vollständig in Besitz zu nehmen und darin wahrhaftig zu **leben**, nicht nur zu überleben.

Atme meine Liebe, die Liebe deiner Seele in dich hinein ... und spüre mit jedem Atemzug ein wenig mehr von deinem wahren Zuhause.

Ich bin das, was du immer noch im Außen suchst...

Deine wahre Ergänzung ... deine Seele

Übung zur 14. Botschaft:

Mach dir dieses Streicheln zum Geschenk, so oft wie möglich, jeden Tag. Dies ist sehr wichtig, wenn du beide Ursprungsenergien wieder in dir vereinen willst. Lass dabei nach Möglichkeit keine Körperstelle aus, die du alleine erreichen kannst. Du wirst sehr vieles an dir entdecken, das dir bisher verborgen war.

♥

Oh ja, das kann ich bestätigen. Es ist wirklich phänomenal und ein ganz neues, fast unbekanntes Gefühl, sich auf diese Weise ganz neu zu entdecken … und für die Liebe zu sich selbst zu öffnen. Es löst etwas im Inneren aus, das nicht zu beschreiben ist … einfach wunderschön.

Probier es aus. Du vereinst hier buchstäblich Himmel und Erde in dir.

♥ 15. Botschaft:

Berührung ist mehr

Liebes Menschenwesen,

du hast gerade zaghaft damit begonnen, dich selbst zu fühlen, dich zu streicheln, dir mehr Aufmerksamkeit zu schenken als bisher. Dadurch geschieht sehr viel mehr, als du im Moment ahnst. Denn du gibst dadurch dir selbst mehr Aufmerksamkeit und ebenso auch mehr Lebenskraft.

Dein Körper braucht diese Reize von dir, um lebensfähig zu bleiben. Bekommt er sie nicht, dann wird er nach und nach Energie verlieren und dir dies durch verschiedene Symptome zeigen.

Dein Streicheln ... und jede liebevolle Beachtung sind wichtige Impulse. Ja, du kannst mit deiner Berührung etwas unglaublich Wertvolles zustande bringen, was kein Engel könnte. Du kannst dich selbst spüren! Das ist einer der wichtigsten Gründe, warum du auf die Erde kamst. Du wolltest dich selbst spüren und erforschen.

Hast du schon einmal ein kleines Menschenkind, ein Baby, beobachtet? Vielleicht ist dir dabei aufgefallen, dass es schon sehr früh beginnt, den eigenen Körper zu erforschen. Es lutscht am Daumen, es schaut sich seinen Körper genauer an, es nimmt alles in den Mund. Was meinst du, warum das so ist?

Nun, es beginnt dadurch gleichzeitig diese Welt zu erforschen. Es will sie „erfassen", all die Begrenzungen erfühlen, die Unterschiede verschiedener Materialien. Nur so kann es sich in dieser Welt, in die es hineingeboren ist, zurechtfinden und in ihr leben. Nur so kann es hier wirklich ankommen.

Dieses kleine Wesen warst auch du, als du in diese Welt ... in deinen Körper hinein kamst. Und auch du hast auf diese Weise begonnen, dich und deine Umgebung kennen zu lernen.

Irgendwann in deinem Leben wurdest du dann davon abgehalten, dich selbst näher zu erkunden. Dir wurde beigebracht, was angemessen und was eher nicht angemessen ist. Ja, es wurde dir sogar erzählt, dass es etwas an dir gibt, das *schmutzig* sei. Und so hast du begonnen, dich mehr deiner Außenwelt zuzuwenden als dir selbst. Du hast dir selbst deine Aufmerksamkeit abgezogen und das getan, was von dir erwartet wurde.

Kannst du nun verstehen, warum es dir vielleicht noch schwer fällt, dir nun selbst in vollem Maße die Aufmerksamkeit zu geben, die dir zusteht?

Nun, lieber Menschenengel, jetzt kannst du all das nachholen, was dir bisher gefehlt hat – ja, was du in der Tat versäumt hast. Du kannst dir selbst diese Impulse, diese Berührungen, dieses Erforschen deines Körpers schenken – ganz bewusst und ohne Einschränkungen.

Dabei geschieht noch etwas anderes. Du wirst mehr und mehr spüren, dass du diese Zuwendung nicht mehr von außen *brauchst*. Du wirst aus den alten Energiespielen aussteigen können und vollständig in deine eigene Energie finden.

Nun ... dadurch können allerdings auch einige Dinge im Außen geschehen, auf die ich dich heute hinweisen möchte.

Wenn du beginnst, deine Energie in dir selbst zu aktivieren ... wenn du selbst in dir vollkommen wirst, steigst du damit gleichfalls aus den alten Energiespielen aus ... auch aus den Spielen, Energien von anderen zu missbrauchen oder von ihnen missbraucht zu werden.

Bisher wart ihr es im menschlichen Spiel einfach gewohnt, dass euch von Außen Energie zugeführt wurde. Dies geschah auf vielerlei Weise. Zum einen natürlich durch Berührungen von anderen Menschen ... durch Anerkennung ... durch Beachtung. Diese habt ihr häufig sogar eingefordert ... teilweise habt ihr mit aller Macht darum gekämpft ... und ihr habt euch noch eine weitere Möglichkeit geschaffen, diese Energien zu bekommen ... über sexuelle Gefühle. All dies habt ihr gleichgesetzt mit Liebe... doch damit habt ihr euch selber betrogen.

Du fragst dich nun vielleicht, auf welche Weise dies geschehen konnte. Nun, eure sexuellen Gefühle sind im Ursprung dadurch entstanden, als ihr euch in ein männliches und weibliches Wesen aufgeteilt habt. Und so sucht ihr natürlich danach, euch wieder zu ergänzen ... nur um das Gefühl zu haben, wieder eins zu sein.

Die einfachste Art, diese Einheit wieder herzustellen – meint ihr – ist der sexuelle Akt mit einem anderen Menschen. Und das Hochgefühl am Ende einer solchen Vereinigung lässt euch glauben, dass ihr dadurch dem Himmel in euch näher kommt. Dies ist jedoch ein Trugschluss, mein lieber Menschenengel.

Was ihr dadurch erreicht, ist in den meisten Fällen nur das Gefühl, euch mit Energie aufgefüllt zu haben. Doch da ihr in einem ständigen Energiespiel mit anderen Menschen seid, wird euch diese Energie sehr schnell von anderen Stellen wieder abgezogen. Und so müsst ihr euch wieder und wieder auffüllen ... und werdet euch irgendwann wieder leer fühlen. Ihr seid in einem ständigen Kreislauf, der auf diese Weise niemals endet.

Wenn du nun beginnst, deine ursprünglichen Energien – feminin und maskulin – in dir selbst wieder zu aktivieren ... dich aus dir selbst heraus und in dir selbst zu vereinen ... zu vervollkommnen, dann wirst du aus diesem Kreislauf aussteigen. Du wirst irgendwann merken, dass du keine Energiezufuhr mehr von Außen brauchst und du wirst aufhören, darum zu kämpfen. Ein vollkommen neues Gefühl wird in dir erwachen, ebenso auch ein neues Gefühl der sexuellen Kraft in dir.

Wenn du dann mit einem anderen Menschen zusammenkommst, der ebenfalls beide Seiten in sich vereint hat, dann wirst du feststellen, dass du es anders erlebst als jemals zuvor. Ihr werdet buchstäblich gemeinsam neue Energie produzieren. Es wird sich nicht mehr so anfühlen, als würdet ihr euch ergänzen, sondern ihr werdet euch gegenseitig in eurer Kraft potenzieren.

Lieber Menschenengel, wenn du nun beginnst, in deine eigene göttliche Kraft zu kommen, sowohl maskulin als auch feminin in dir zu vereinen, dann werden auch deine Mitspieler dies bemerken. Sie werden spüren, dass du ihnen keine Energie mehr gibst. Und das könnte sie eventuell auf den Plan rufen, es von dir zu fordern, vielleicht sogar mehr als zuvor.

Bereite dich also darauf vor, dass dies geschehen könnte. Schenke dir selbst so viel Aufmerksamkeit, wie dir möglich ist.

Achte gut auf dich selbst. Das wird dir helfen, in deiner eigenen Energie zu bleiben.

Noch etwas bewirkst du durch diesen ... hm ... Energieabzug von anderen. Du gibst ihnen ebenfalls die Chance, ihre Energie in sich selbst zu finden. Nur so werden sie ihrerseits in die Lage kommen, Entscheidungen für sich selbst zu treffen. Erst wenn ihre äußere Energiequelle versiegt, werden sie diese Möglichkeiten und Fähigkeiten entwickeln und nutzen.

Es ist einfach und gleichzeitig auch nicht. Denn du hast selten zuvor gelernt, dir selbst all die Aufmerksamkeit zu geben, die dir wahrhaftig zusteht. Sie ist dein göttliches Recht, mit dem du hier auf die Erde gekommen bist. Sie wurde dir genommen und nun bist du selbst in der Lage, sie dir wieder zurückzugeben.

Berühre dich weiter, so oft es geht. Streichle dich nicht nur, sondern erforsche dich sehr bewusst durch deine eigenen Berührungen ... mit all der Liebe, zu der du fähig bist. Dabei wirst du einiges entdecken, das dir bisher entgangen ist.

Ja, du bist jetzt in der Lage, den Himmel wahrhaftig auf die Erde zu bringen, direkt in deinen Körper, direkt in dein Bewusstsein.

Niemand lebt dein Leben, niemand schaut durch deine Augen, niemand fühlt deine Gefühle. Sei dir dessen in jedem einzelnen Moment bewusst.

In jeder Berührung wirst du mich spüren können ... ja du berührst wahrhaftig deine eigene Seele!

Fühle ganz tief in diese Worte hinein und gib dir selbst all die Liebe, zu der du fähig bist!

Berühre dich ... fühle dich ... und gleichzeitig liebevoll und ganz bewusst mich, deine Seele.

Übung zur 15. Botschaft:

Berühre dich weiter, so oft es geht. Streichle dich nicht nur, sondern erforsche dich sehr bewusst durch deine eigenen Berührungen … mit all der Liebe, zu der du fähig bist. Dabei wirst du einiges entdecken, das dir bisher entgangen ist.

♥

Bei dieser Übung kommen sehr viele Menschen an ihre Grenzen. So ging es auch mir. Da kamen Glaubensmuster hoch, die ich hauptsächlich von meinen Eltern und der Kirche in mir gespeichert hatte.

Wenn du dir in diesen Momenten einfach nur bewusst wirst, woher diese Glaubensmuster kommen, dann kannst du dich viel leichter darüber hinwegsetzen. Damit wirst du zum einen freier in dir selbst und auch bereit für eine wirklich glückliche Partnerschaft.

Lass dir Zeit für diesen Prozess, auch wenn er viel länger als nur eine Woche dauert. Mach es dir zur Gewohnheit, dich selbst zu lieben und zu erforschen. Du hast es verdient!

♥ 16. Botschaft:

Weckruf an deine Zellen

Liebes Menschenwesen,

du bist dabei, dir näher zu kommen als jemals zuvor. Mit jeder bewussten Berührung deines Körpers nimmst du direkten Kontakt mit mir, deiner Seele auf. Dies geschieht nicht über den Verstand ... durch Worte. Es geschieht, ohne dass du darüber nachdenken musst, ganz von allein. Ja, es ist gerade so, als würdest du deiner Seele die Hand reichen und sie zu dir einladen.

Du hast vergessen, warum du auf die Erde gekommen bist ... warum du all diese Begrenzungen auf dich genommen hast, die dieses Leben in einem Körper mit sich bringen. Du fühlst dich in dieser Welt gefangen. Du erschaffst dir obendrein noch Umstände, die diesen Glauben in dir verstärken. Das kann so weit gehen, dass du als einzigen Ausweg siehst, diese Erde zu verlassen.

Heute möchte ich dich daran erinnern, warum du hier bist und welch großartiges Geschenk du dir selbst damit gemacht hast.

Der Grund, lieber Menschenengel, warum du deine Energie in einen Körper gezwängt hast ... warum du hauptsächlich nur eine Energie – maskulin oder feminin – lebst, liegt keinesfalls darin, dich gefangen zu fühlen. Du wolltest etwas ganz anderes ... du wolltest dich selbst auf intensivste Weise wahrnehmen. Und das ist dir nur möglich, wenn du einen Teil von dir nach außen stellst ... wenn du dich selbst aus einer begrenzten Sicht wahrnimmst.

Als Engelwesen kannst du dich nicht selber spüren. Ja, es war dir in der Tat langweilig, denn dir fehlte diese tiefe Intensität der Gefühle. Oh ja, auch als ein Engelwesen konntest du Traurigkeit oder Freude empfinden, doch diese Gefühle haben eine vollkommen andere, sehr viel tiefere Dimension, wenn du sie in einem Körper spürst.

Und so hast du beschlossen, auf die Erde, in einen Körper zu kommen, um deine Energien zu bündeln ... um dich selbst erforschen zu können ... um dich selbst sehen zu können ... um dich auf intensivste Weise wahrnehmen und fühlen zu können.

Als Baby hast du dann damit begonnen, deinen Körper und diese Welt zu erkunden. Denn du wusstest damals noch, warum du hierhergekommen warst. Doch dann wurde deine Aufmerksamkeit mehr und mehr in deine Außenwelt gezogen ... bis du alles vergessen hast und nun die meiste Zeit mehr in der Welt anderer lebst als in deiner eigenen.

Geliebter Menschenengel, du bist nicht hier, um von deiner Außenwelt vereinnahmt zu werden. Du bist nicht hier, um das Leben anderer Menschen zu leben oder zu verändern.

Du bist insbesondere hier, weil **du** es so wolltest, weil du dich kennenlernen und fühlen wolltest. Dafür hast du dir einen Körper erschaffen, um all das zu erleben. Und es wird Zeit, ihn endlich vollständig in Besitz zu nehmen – dich selbst vollständig zu verkörpern ... Gott und gleichzeitig Mensch zu sein.

Gib nicht länger anderen Menschen oder deiner Außenwelt die Verantwortung, dir gute Gefühle zu bescheren. Sie könnten es niemals besser tun, als du selbst es vermagst. Und anstatt deine Außenwelt bei Laune zu halten, dir dadurch Lebensenergien rauben zu lassen, achte lieber auf dich selbst. Gib all die Aufmerksamkeit, die du bisher anderen geschenkt hast, nun zuerst einmal **dir**! Streichle weiter deinen Körper, erforsche ihn, berühre deine Haut, spüre ganz bewusst mich, deine Seele ... bei jeder Berührung.

Dehne diese Übung nun ebenfalls aus auf deine Organe ... dein Herz ... deine Leber ... deinen Magen ... deine Nieren ... stell dir dabei vor, wie du deine Organe liebevoll in deinen Händen hältst und ihnen dankst für ihr wunderbares und perfektes Zusammenspiel. Spüre dabei die tiefe Liebe ... zu dir selbst! Du wirst durch diese Liebe eine neue Kraft in deinem Körper spüren. Du wirst seine Dankbarkeit fühlen und erleben. Denn niemals zuvor hat er so viel Aufmerksamkeit und Liebe erhalten, von niemandem!

Deine Organe ... all deine Körperzellen ... sie werden durch deine Seele bewohnt und in ihrer Funktion erhalten. Wenn sie nun ganz bewusst deine tiefe Liebe und Beachtung bekommen, werden sie nicht nur besser funktionieren, sondern zusätzlich mit neuer Energie versorgt.

Ja, auch dein Körper verändert sich – zusammen mit deinem Bewusstsein. Er bekommt durch deine liebevolle Aufmerksamkeit große Unterstützung ... und ebenfalls einen äußerst wichtigen Impuls: Deine klare Entscheidung zum Leben! Das verändert Alles!

Nimm nun einmal ein paar tiefe Atemzüge ... und atme dieses Ja zum Leben in dich hinein. Es gleicht einem Weckruf an deine Zellen, die schon ein wenig in Schlafposition waren. Sie werden dadurch erwachen, denn ihr Schöpfer haucht ihnen in diesem Moment neues, wahrhaft göttliches Leben ein. Mit jedem bewussten Atemzug holst du mehr und mehr von deiner Seele auf die Erde. Du kommst dadurch deinem wahren Zuhause in dir immer näher ... du holst es buchstäblich zu dir ... in deinen Körper.

Und du wirst mehr und mehr fühlen können, wie du vollständiger wirst ... eins in dir und mit dir. Du wirst diese Ergänzung nicht mehr im Außen suchen müssen, denn sie wird in deinem eigenen Inneren immer stärker spürbar.

Nimm immer wieder ein paar tiefe bewusste Atemzüge, geliebter Menschenengel auf Erden, und sei dir dabei bewusst: **Das bist DU**! Ja, genauso fühlt sich Zuhause an...

In dir selbst findest du alles, was du brauchst. Und niemand in deiner Außenwelt könnte dir dieses Zuhause jemals geben, so sehr er es auch versuchen würde. ALLES ist in dir!

Hör auf, im Außen danach zu suchen und spüre dich selbst ... in jeder Berührung ... in jedem Atemzug. Verbringe so oft es geht Zeit mit dir alleine! In dieser Zeit kannst du dir selbst ... deiner Seelenenergie ... näher kommen als jemals zuvor und damit ebenfalls mir.

In tiefer Liebe Deine Seele

Übung zur 16. Botschaft:

Streichle weiter deinen Körper, erforsche ihn, berühre deine Haut, spüre ganz bewusst mich, deine Seele … bei jeder Berührung.

Dehne diese Übung nun ebenfalls aus auf deine Organe … dein Herz … deine Leber … deinen Magen … deine Nieren … stell dir dabei vor, wie du deine Organe liebevoll in deinen Händen hältst und ihnen dankst für ihr wunderbares und perfektes Zusammenspiel. Spüre dabei die tiefe Liebe … zu dir selbst!

♥

Für mich war es ein vollkommen neues Gefühl, meine Organe liebevoll in den Händen zu halten. Mir wurde dabei erst so richtig bewusst, welch ein perfektes Zusammenspiel in meinem Körper stattfindet, ganz ohne mein Zutun.

Dabei spürte ich eine tiefe Dankbarkeit für mein Dasein, die ich mit Worten nicht annähernd beschreiben könnte.

Ein Nebeneffekt dieser Übung ist, dass dein Körper und deine Organe sehr viel liebevolle Aufmerksamkeit von dir bekommen. Das wohltuende Ergebnis wirst du ganz sicher spüren können. Ja, hier ist echte Heilung tatsächlich möglich.

♥ 17. Botschaft:

Das perfekte Zusammenspiel

Liebes Menschenwesen,

du hast nun deinen Körper etwas näher erforscht und kennengelernt. Ja, sogar mit deinen Organen hast du liebevoll Kontakt aufgenommen ... zumindest hast du damit begonnen, auch wenn dein Verstand dir sagen wollte, dass das nicht möglich ist.

Durch diesen liebevollen Kontakt mit dir selbst hast du auch eine sehr tiefe Verbindung mit mir, deiner Seele aufgenommen. Du hast dich berührt ... gestreichelt ... und dadurch eine ganz neue Liebe zu dir selbst entdeckt. Ja, in der Tat, niemand könnte dich jemals tiefer und intensiver lieben als du dich selbst!

Du hast bei der intensiven Berührung deines Körpers noch etwas anderes bemerkt: das Gefühl, dass er dich begrenzt. Du hast gespürt, dass ich, deine Seele weitaus mehr bin als das, was du davon in deinem Körper spüren kannst. Ja, ich gehe in der Tat weit über diese Grenzen hinaus. Und aus diesem Grund spürst du in dir diese Sehnsucht nach Ausdehnung ... nach Freiheit. Du spürst meine Sehnsucht ... die Sehnsucht deiner Seele.

Du meinst, diese Freiheit in einem Körper nicht leben zu können. Du meinst immer noch, gewissermaßen darin gefangen zu sein. Nun, lieber Menschenengel, ich erinnere dich wieder daran: Es war dein sehnlichster Wunsch, einen Teil von dir zu verkörpern, damit du dich selbst fühlen kannst. Dies ist der größte Wunsch eines jeden Engels, doch nur wenige haben den Mut dazu. Du gehörst zu diesen wenigen Engeln, und deshalb bist du hier. Du kannst diese Worte nur ansatzweise verstehen oder fühlen, weil du dir in diesem Moment nicht vorstellen kannst, plötzlich keinen Körper mehr zu haben...

Nun, lieber Menschenengel, deine Organe sind viel mehr als das, was du bisher in ihnen gesehen hast. Jedes einzelne erfüllt eine ganz bestimmte Funktion und hält deinen Körper am Leben, wie du weißt. Jede einzelne deiner Zellen ist von deiner Seelenenergie ... von deinem Bewusstsein belebt. Sonst würdest du in dieser materiellen Form nicht existieren können.

Und ebenso trägt auch alles, was dir am Herzen liegt, was du besitzt, all die Materie um dich herum, deine ganz persönliche Seelenenergie. Es gibt keine tote Materie. Jedes materielle Ding hat einen Schöpfer ... und wird von dessen Bewusstsein in seiner Form gehalten.

Genauso tragen auch deine Organe dieses persönliche Bewusstsein von dir, ihrem Schöpfer, in sich. Sie haben ganz bestimmte Funktionen übernommen, genau wie es in deiner Welt verschiedene Berufe gibt. So gibt es auch in deinem Körper beispielsweise eine Verwertung deines Mülls, ebenfalls natürlich eine Abfuhr, damit dieser Müll deinen Körper wieder verlassen kann.

Nur ... dein Körper nimmt nicht nur stoffliche Dinge in sich auf und verarbeitet sie. Da er durch deine Seele und dein Bewusstsein belebt wird, wie du weißt, gibst du ihm täglich die wichtigste Nahrung durch deine Gedanken, durch deine Gefühle ... und vor allem durch das, woran du glaubst.

Was meinst du, womit dein Körper den ganzen Tag beschäftigt ist? Nun, du wirst es selbst herausfinden, wenn du dich nur eine Stunde lang aufmerksam beobachtest ... deine Gedanken, deine Gefühle, deine Überzeugungen. Du wirst dabei vieles entdecken, das dich in Erstaunen versetzt.

Wenn du dir zum Beispiel Sorgen machst, wenn du dich ärgerst, wenn du wütend bist, gibst du deinem Körper eine ganze Ladung an energetischem Müll, den er verarbeiten muss. Er ist dann sehr aktiv damit beschäftigt, diese Gefühle wieder auszugleichen.

Jedes deiner Organe hat diesbezüglich eine bestimmte Aufgabe zu erfüllen. Keine menschliche Erfindung der materiellen Welt könnte dies perfekter erledigen als dein Körper. Er ist in der Tat ein großartiges Wunderwerk, das du dir selbst erschaffen hast ... ja genau du, der oder die du Gott selbst bist.

Dein Körper ist in jedem Moment unmittelbar mit deinem Glaubenssystem verbunden ... mit deinen Überzeugungen. Ja, du hast auch schon erfahren, wie du ihn auf diese Weise selbst heilen oder verändern kannst.

Du hast dieses tiefe Wissen in dir, und du kannst jederzeit darauf zugreifen, wenn du dich daran erinnerst, dass dein Körper von deinem Bewusstsein gesteuert wird – von niemandem sonst!

Kein Virus könnte dir jemals etwas tun, wenn du nicht daran glaubst! Keine Krankheit könnte deinen Körper vernichten, wenn er von dir, seinem Schöpfer, genügend Lebensenergie bekommt ... durch deine tiefe Liebe zu ihm.

Nimm dir Zeit für eine Atemreise, in der du einen Mülltransport ganz besonderer Art erleben wirst. Dabei kannst du dich befreien von vielen Altlasten, die sich inzwischen dort angesammelt haben. Nun darfst du sie in Leichtigkeit gehen lassen, sofern du dazu bereit bist.

Ebenso kannst du nun auch all die Lasten endgültig loslassen, die du für andere getragen hast. Sie hindern dich nur am Weitergehen und machen dir den Weg unnötig schwer. Es gibt keinen Grund mehr, dies noch länger zu tun. Übergib sie ganz einfach dem Universum, deinem eigenen Universum ... und kümmere dich dann nicht mehr darum.

Ja, es könnte durchaus sein, dass du ein paar Tage lang ein paar … hm ... Auswirkungen davon erleben wirst. Dein Körper wird auch sichtbar ein wenig Müll abladen ... Energien können wieder frei fließen, die vorher blockiert waren. Sei in diesen Tagen besonders liebevoll zu deinem Körper. Gib ihm Zeit und Ruhe, um alte Energien loszulassen und neu zu ordnen. Höre genau auf seine Impulse und folge ihnen. Alles in dir kann sich in der Folgezeit freier fühlen... ohne diese Lasten, die du unnötigerweise auf deinen Schultern herumgetragen hast.

Berühre dich auch weiterhin genauso wie in den letzten Wochen. Eine weitere Übung wird dir helfen, noch engeren Kontakt mit deinen Organen aufzunehmen: Stell dir jedes einzelne Organ als ein Wesen vor, mit dem du sprichst. Lass es deine tiefe Liebe und Dankbarkeit spüren. Und dann frage es, was es dir sagen will ... was es braucht, um dir in perfekter Weise zu dienen. Du wirst die Antworten erhalten, und du wirst staunen.

Werde nun eins mit deinen Organen, die ebenfalls Anteile von dir sind, die du bisher als getrennt von dir gesehen hast. Werde eins mit deinem Körper, denn er ist dein bester Freund in deinem Erdendasein. Und ebenso werde nun auch eins ... mit deinem Atem ... mit deinem Bewusstsein ... mit deinem Gefühl ... und in tiefer Liebe eins mit Allem, was du in Wahrheit bist.

In tiefer Liebe eins mit dir … deine Seele

Übung zur 17. Botschaft:

Stell dir jedes einzelne Organ als ein Wesen vor, mit dem du sprichst. Lass es deine tiefe Liebe und Dankbarkeit spüren. Und dann frage es, was es dir sagen will … was es braucht, um dir in perfekter Weise zu dienen. Du wirst die Antworten erhalten, und du wirst staunen.

♥

Ja, du wirst tatsächlich staunen, wenn du dich auf diese Übung einlässt. Stell keine der Antworten in Frage, die aus deinem Inneren auftauchen. Lass sie spontan kommen, ohne sie mit deinem Verstand zu bewerten. Du wirst verblüffende Antworten erhalten, die deinem Körper und dir wirklich helfen.

In der Atemreise zu dieser Liebesbotschaft kannst du ein besonderes Geschenk deiner Seele empfangen … dein göttliches Licht. Freu dich darauf und lass es in deine Welt strahlen.

♥ 18. Botschaft:

Nahrung für Körper und Seele

Liebes Menschenwesen,

wie fühlt es sich für dich an, eins zu werden mit deinem Körper ... mit all seinen Organen? Welche Botschaft haben sie dir übermittelt, sofern du sie überhaupt gefragt hast?

Nun, diese Übung kannst du so oft du willst weiterhin praktizieren. Sie wird dir auf die Sprünge helfen, warum dein Körper sich über ganz bestimmte Symptome bemerkbar macht ... und du wirst nach und nach immer besser verstehen, wie du dich selbst wieder ausgleichen und deine Organe auch energetisch bestens versorgen kannst.

Jetzt möchte ich dich noch um ein Geschenk bitten, das wir uns beide machen … ja, es ist ein echtes Seelengeschenk.

All die Sorgen, die Ängste, die Schuldgefühle und vieles andere kannst du jetzt in diesem Moment in meine Hände legen, denn sie gehörten ganz einfach zum alten Spiel auf der Erde dazu. Du kannst nicht annähernd ermessen, wie wertvoll sie für mich sind.

Bist du bereit, all das loszulassen und dich vollständig von diesen alten Lasten zu befreien?

Oder willst du lieber noch ein paar Dinge behalten, vielleicht weil du sie irgendwann einmal brauchen könntest? Dieser Gedanke dürfte dir sehr bekannt vorkommen.

Nun, was meinst du, brauchst du wirklich noch deine uralten Glaubensmuster ... deine Schuldgefühle ... deine Ängste? Du wirst jetzt sicher sagen, dass du sie längst losgelassen hast ... oder dass du natürlich dazu bereit bist.

Oh ja, das bist du in der Tat. Und doch gibt es immer noch einen kleinen Anteil in dir, der sich da nicht ganz sicher ist ... der nicht weiß, was dann passiert. Du warst es ganz einfach viel zu lange gewohnt ... diese Lasten mit dir herumzutragen.

Lieber Menschenengel, erlaube dir selbst nun diese Befreiung … und alles geschieht fast unmerklich. Dein Rucksack wird sich leichter und leichter anfühlen und deine Freiheit und deine Liebe zu dir selbst werden spürbar wachsen.

Kommen wir noch einmal zurück zu deinem Körper. Du weißt nun, wie du ihm helfen kannst, bestens für dich da zu sein. Du weißt, wie wichtig es für dich und deine Seele ist, ihn zu berühren ... ihn zu spüren ... ihn liebevoll zu umsorgen. Du kannst sogar mit deinen Organen Kontakt aufnehmen und Antworten von ihnen erhalten.

Es gibt noch etwas im Umgang mit deinem Körper, das du bisher nur sehr selten beachtet hast. Es ist ... die geistige Nahrung, die dein Körper bekommt ... durch dein Bewusstsein und deine Gefühle, während du ihm materielle Nahrung zuführst. Und hier muss er oftmals Schwerstarbeit für dich leisten.

Oh, es geht durchaus nicht darum, dir die Freuden des Erdendaseins zu nehmen ... dir etwa den Genuss auszureden. Es geht einzig darum, dir bewusst zu machen, auf welche Weise du deinen Körper und damit ... oh ja, ebenso auch mich, deine Seele mit Energie versorgst – sowohl mit geistiger als auch mit materieller Energie. Beobachte doch einmal einen Tag lang...

...wann und warum du isst:

Ist es Hunger oder die Freude am Essen – oder isst du vielleicht immer dann, wenn du Frust hast oder traurig bist?

...wie du isst:

Sitzt du dabei am Tisch, mit einem schönen Gedeck vor dir, mit einer Kerze, guter Musik und vor allem viel Zeit? Oder stopfst du dein Essen in Hast und Eile ... womöglich noch im Vorbeigehen in dich hinein? Genießt du dein Essen zusammen mit Menschen, die du liebst? Oder fallen dir gerade beim Essen die meisten Probleme ein?

...mit welchem Bewusstsein du isst:

Bist du dir wirklich bewusst, wie das, was du gerade in den Mund steckst, wirklich schmeckt? Kannst du deine Nahrung langsam genießen, so dass dein Magen und deine Organe sich vorher darauf vorbereiten können, es in bester Weise zu verarbeiten, um dir diese Energie dann in optimaler Weise zur Verfügung zu stellen? Oder bist du so mit anderen Gedanken beschäftigt, dass dir all diese Genüsse entgehen?

Lieber Menschenengel, du hast nicht nur vergessen, dass du das Höchste bist, was es gibt – nämlich Gott in Menschengestalt. Du hast ebenso vergessen, dass du deine Energie vor allem deshalb in diesen Körper gezwängt hast, um diese wunderbaren Genüsse erleben zu können, die dir zum Beispiel dein Essen vermittelt. Ich möchte dich heute daran erinnern, dass du dies als reines Engelwesen nicht kannst und dich danach gesehnt hast, es zu erfahren. Und was machst du nun? Du bist so beschäftigt mit anderen Dingen, dass du an den schönsten Erlebnissen, die du haben kannst, die meiste Zeit einfach vorbei rennst.

Zusammen mit deiner Nahrung gibst du deinem Körper nicht nur die stofflichen Energien, die er verarbeitet und ihn und dich damit am Laufen hält. Du gibst ihm ebenso eine Menge an Informationen mit, die er ebenfalls verarbeitet und ... sogar in deinen Zellen speichert! Wenn du mit dem Gefühl der Traurigkeit und des Ärgers isst, dann nimmst du diese Energie in dich auf ... was ganz und gar nicht einfach für deinen besten Freund, den Körper ist.

Wenn du in Eile etwas in ihn hineinstopfst, dann muss er mühsamste Schwerstarbeit leisten. Es ist gerade so, als würdest du ein Zimmer mit schweren Kisten voll stellen, die alles versperren und sehr schwer zu öffnen sind. So wird es natürlich eine Weile dauern, bis du sie ausgepackt hast und der gesamte Inhalt an seinem Platz steht.

Wenn du hingegen in Ruhe isst und jeden einzelnen Bissen bewusst in einer angenehmen Atmosphäre genießt, dann wird sich dein Körper mit dir freuen, denn er bekommt wahrhaftige Geschenke von dir ... wunderbare Energien, die er mit Leichtigkeit und in optimaler Weise verteilen kann. Kannst du dir vorstellen, wie sich das für dein Wohlbefinden auswirkt?

Achte ebenfalls darauf, deine Nahrung an deine eigene Energie anzupassen. Wenn du sie einkaufst oder auf den Tisch bringst, wurde sie bereits in vielfältiger Weise „behandelt“. All diese Energien, mit denen sie in Berührung gekommen ist, sind darin gespeichert. Du isst also nicht nur das, was du siehst, sondern ebenso alle darin enthaltenen Informationen: das Bewusstsein und die Stimmung, in der sie angebaut wurden ... gewachsen sind ... und geerntet wurden ... in der sie verarbeitet ... verkauft ... und zubereitet wurden.

Du kannst all diese Informationen sehr leicht für dich verändern und deiner eigenen Energie anpassen, indem du ganz bewusst bei der Zubereitung oder vor dem Essen Kontakt mit deiner Nahrung aufnimmst ... sie in Dankbarkeit begrüßt. Ganz gleich, in welcher Form du dies tust, sie wird in einem einzigen bewussten Augenblick vollständig deine Energie annehmen. Ja, auch auf diese Weise kannst du deinem Körper dabei helfen, dir optimal zu dienen und in bester Weise zu funktionieren.

Denke immer daran: Du bist als Engel in einem menschlichen Körper, um die Zeit auf der Erde zu genießen ... um dich selbst durch deinen eigenen Körper zu spüren! Bringe deine gesamte wunderbare und einzigartige Energie auf die Erde. Ganz gleich auf welche Weise du dies tust, denn damit bringst du wahrhaftig den Himmel auf die Erde – deinen Himmel!

Niemand kann dies für dich tun, geliebter Menschenengel. Nur du allein kannst dir – und damit mir, deiner Seele – wahrhaftig Ausdruck verleihen. Jede deiner Schöpfungen ist gleichzeitig Gottes Schöpfung. Sei dir dessen in jedem einzelnen Moment bewusst. Ganz gleich, ob du ein Lied singst, ein Bild malst, eine Firma gründest, spielst ... oder ob du nur auf einer Wiese liegst und den Wolken nachschaust ... in jedem Moment erfährt Gott durch dich, wie es sich anfühlt, ein Mensch zu sein!

Bring deine sexuelle Kraft ... dein gesamtes schöpferisches Potenzial in diese Welt. Gib diesem Potenzial endlich Leben ... gib ihm unbegrenzten Ausdruck, durch deine Freude am Erschaffen, durch deine Kreativität ... und lass es ständig in dir wachsen. Lass dich nie wieder durch irgendetwas daran hindern, dein volles göttliches Potenzial zu leben.

Ja, geliebter Menschenengel, du bist gerade dabei, eins zu werden mit Allem was du bist, mit dir selbst. Du bist dabei, bewusst Gott und Mensch gleichzeitig zu sein! Nimm einen tiefen Atemzug ... und fühle in diese Worte hinein... Sei von nun an Alles was du bist ... und **lebe es!**

In Liebe zu dir … deine Seele

Übung zur 18. Botschaft:

Bring deine sexuelle Kraft … dein gesamtes schöpferisches Potenzial in diese Welt. Gib diesem Potenzial endlich Leben … gib ihm unbegrenzten Ausdruck, durch deine Freude am Erschaffen, durch deine Kreativität … und lass es ständig in dir wachsen. Lass dich nie wieder durch irgendetwas daran hindern, dein volles göttliches Potenzial zu leben.

♥

Ja, das wünsche ich dir von ganzem Herzen! Und ich weiß, genau dafür bist du jetzt hier!

TEIL 4 - ATEMREISEN

Nimm dir für die einzelnen Atemreisen genügend Zeit und Ruhe für dich allein. Such dir einen ruhigen Platz, an dem du dich wohl fühlst. Und dann lass dich vertrauensvoll auf eine Begegnung mit deiner Seele ein.

Du wirst dabei die Liebe in deinem Herzen wecken und die Kraft in deinem Inneren aktivieren. Und das wird sich auch auf deine Erlebniswelt auswirken.

Dadurch, dass du die Liebe zu dir selbst zu leben beginnst, wirst du sie auch auf andere übertragen, ganz von selbst. Diese Liebe wird, ja sie muss sogar zu dir zurückfließen. Es gibt nichts, das anziehender wirken könnte als ein Mensch, der sich selbst lieben gelernt hat.

Die Atemreisen sind eine wunderbare Ergänzung zu den einzelnen Liebes-Botschaften und wurden ebenso von meiner Seele inspiriert … für dich. Du wirst bereits beim Lesen den Kontakt zu deiner Seele spüren und wie sich etwas in dir beginnt zu erinnern … an das wahre Wesen, das du wirklich bist.

Mach dich ganz weit und frei von Gedanken … erlaube dir, dich und deine Liebe zu spüren … und atme dich frei. Dein Atem bringt Energien in dir in Bewegung, die du jetzt loslassen darfst.

1. Bewusstes Wahrnehmen

Nimm ein paar ruhige Atemzüge … und entspann dich. Sei ganz bei dir, im Hier und Jetzt.

Lege eine Hand auf deinen Herzbereich und fühle einfach deinen Herzschlag. Fühle die Liebe, die von deinem Herzen ausgeht … für dich allein. Dein Herz schlägt immer für dich, solange du einen Körper hast … ohne dass du etwas dafür tun musst. Es geschieht ganz von selbst. Dein Herz, es verbindet dich mit der Quelle, mit deiner Seele, mit deinem wahren Zuhause. Dort kannst du diese Verbindung jederzeit wahrnehmen und dich eins mit deiner Seele fühlen.

Nun lege die andere Hand auf deinen Bauch und spüre, wie er sich bei jedem Atemzug hebt und senkt. Lass es ganz von selbst geschehen, ohne deinen Atem zu kontrollieren. Beobachte einfach nur das Ein und Aus…

Auch mit deinem Atem hältst du die Verbindung mit deiner Seele. Es geschieht ebenfalls ohne dein Zutun, Tag und Nacht, in jedem Augenblick, ganz gleich was du gerade tust.

Es gibt also etwas, das dich am Leben hält. Und das ist deine Seele, dein göttlicher Ursprung. Vertraue ihr, sie weiß in jedem Moment, was das Beste für dich ist.

Nimm sie wahr, deine Seele. Sie ist gerade sehr präsent … in jedem Atemzug … in jedem Herzschlag. Und sie wohnt ebenfalls in jeder deiner Zellen. Sie ist die Energie, die dich am Leben hält…

Nimm nun auch deine Umgebung wahr. Was riechst du gerade? Welche Geräusche hörst du? Was siehst du? Was spürst du? Ist es kalt … oder warm?

Das alles kannst du nur wahrnehmen, weil du einen Körper hast. Ohne ihn wäre dir das nicht möglich.

Ja, nimm nun auch deinen Körper wahr. Spüre deine Beine und Füße, deinen Bauch, deinen Rücken, deine Arme und Hände, dein Gesicht, deine Kopfhaut und wenn du magst, auch viele einzelne Körperstellen. Nimm sie einfach nur wahr und beobachte, wie sie sich fühlen. Geht es ihnen gut? Sind sie kraftvoll? Oder fühlen sie sich gerade müde?

Falls du Schmerzen an irgendeiner Körperstelle spürst, dann gib diesem Körperteil besonders viel Aufmerksamkeit. Sprich mit ihm und danke ihm für die Botschaft, die in diesem Schmerz liegt. Frag deinen Körper, was er dir dadurch sagen will … vielleicht brauchst du eine Pause…

Dein Körper ist ein wunderbarer und sehr ehrlicher Ausdruck deiner Seele. Ja, er ist dein bester Freund hier auf der Erde. Und er hat dafür deinen Dank verdient … und deine Liebe.

Nimm ihn nun einfach nur wahr, deinen wunderbaren Körper … und schenke ihm jetzt bewusst deine Liebe und Dankbarkeit – für seine Treue und seine Geduld mit dir. Ja, er braucht sehr lange, bis er sich bei dir meldet … bis du ihn spürst.

Genieße nun eine Weile dieses bewusste Wahrnehmen deines Körpers, deiner Seele und deines Seins…

Es gibt nichts, das jetzt wichtiger wäre … als du.

2. Die Sonne in dir

Lege wieder eine Hand auf deinen Herzbereich und fühle, wie es für dich schlägt. Für dich ganz allein. Beobachte deinen Herzschlag, ohne ihn zu verändern. Sei ganz bei dir… Fühle die Liebe, die von deinem Herzen ausgeht … für dich. Und fühle auch die Verbindung zur Quelle in dir, zu deinem wahren Sein…

Nun lege die andere Hand auf deinen Bauch und beobachte deinen Atem … das Ein und Aus. Lass es ruhig fließen, es geschieht ganz von selbst.

Fühle nun die Hand auf deinem Herzen … es ist dein Zentrum … dein Mittelpunkt … die göttliche Lebensquelle in dir … sie wohnt direkt in deinem Herzen.

Nun darfst du dein Herz öffnen … ganz weit. Stell dir darin eine warme, hell leuchtende Sonne vor. Ja, diese Sonne existiert direkt in dir. Und nun darfst du sie spüren … ihre Liebe genießen … und mit ihr atmen.

Diese Sonne in dir, sie enthält all deine Liebe … deine Wärme … dein Seelen-Zuhause. Spüre in diesem Moment hinein und verschmelze mit dieser innigen Liebe. Sie schenkt dir Geborgenheit und tiefes Vertrauen…

Stell dir vor, du bist wie die Sonne … ein Lichtpunkt auf diesem Planeten … und du fühlst das Licht, die Liebe und die Wärme, die von dir ausgeht. Genieße dieses Gefühl, lass dich davon vollständig durchdringen … bis in jede einzelne Zelle.

Nun kannst du die Sonne in dir ausdehnen, sie größer und größer werden lassen … mit jedem Ausatmen ein wenig mehr. Sie ist grenzenlos und ihr Licht reicht in jeden Winkel des Universums. Genieße dieses Gefühl der Grenzenlosigkeit … atme es tief in dein Sein.

Das Licht der Sonne, die du bist, berührt jetzt Alles was ist. Deine Umgebung wird jetzt vollkommen in dein Licht und deine Liebe getaucht…

Du fühlst, dass du der Mittelpunkt deiner Welt bist … und dass alles von dir ausgeht. Und so kannst du alles was ist berühren, mit deiner Liebe.

Dieses Licht deiner Sonne, diese Liebe in dir, sie kennt keine Wertung. Sie weiß, dass alles genau so in deinem Seelenplan steht und dass alles in Ordnung ist wie es ist.

Wenn du die Sonne in dir ausdehnst, wird dieses liebevolle Licht alles im Universum verändern … auch dich. Deine Liebe wird wachsen, zu dir und zu allem was ist.

Genieße dieses Gefühl, die Sonne zu sein … und bade dich in ihrer Liebe … teile sie mit der ganzen Welt…

3. Der Segen deiner Seele

Lege eine Hand auf deinen Herzbereich und fühle, wie es für dich schlägt. Für dich ganz allein. Beobachte deinen Herzschlag, ohne ihn zu verändern. Sei ganz bei dir, im Hier und

Jetzt. Fühle die Liebe, die von deinem Herzen ausgeht … für dich. Und fühle auch die Verbindung zur Quelle in dir, zu deinem wahren Sein … zu deiner Seele.

Nun lege die andere Hand auf deinen Bauch und beobachte einfach nur deinen Atem … das Ein und Aus. Komm ganz bei dir an und spüre die Verbindung mit deiner Seele.

Deine Seele lässt dich nun wissen, dass sie eins mit dir ist … dass sie es immer war und immer sein wird. Alles was geschehen ist und noch geschieht, bekommt nun den Segen deiner Seele. Nichts geschah oder geschieht ohne ihre Zustimmung. Und deshalb ist alles gut wie es ist.

Spüre diese tiefe Verbindung zu deiner Seele … und spüre ihren Segen auf dein Sein … auf dein Erleben … auf deine Erfahrungen … und auf all deine Wahlen.

Du hast deine Seele bereichert durch dein Sein … und dafür hast du ihre größte Wertschätzung verdient. Genieße sie…

So bittet dich deine Seele nun, auch deine Mitspieler zu segnen. Sie haben dir in vollkommener Weise gedient, denn sie haben dein Spiel mitgespielt. Ohne deine Mitspieler wären dir die tiefsten Gefühle nicht möglich gewesen. Nur durch ihr Mitspiel konntest du – deine Seele – wachsen und sich ganz neu erfahren.

Deine Mitspieler stehen genauso auf der Lebensbühne wie du. Auch sie haben die Vereinbarungen zwischen euch vergessen. Auch sie haben tiefe Gefühle gespürt … die du ihnen zum Geschenk gemacht hast … im gemeinsamen Spiel.

Ganz gleich, welche Gefühle du spürst oder gespürt hast, sie sind einzigartig und wertvoll. Und du kannst sie nur in deinem Menschsein in dieser Tiefe fühlen…

Gib nun deinen Mitspielern deinen Segen. Sie haben ihn verdient, ganz gleich in welcher Rolle sie dir begegnet sind. Es reicht deine Absicht … und es geschieht augenblicklich.

Dein Segen wird alles verändern, denn er befreit dich und gleichfalls auch deine Mitspieler aus den alten Rollen.

Mit deinem Segen verbindest du dich mit deiner Seele … und vertraust ihrer Führung. Sie weiß, dass es gut ist … und immer war. Und nun erinnert sie dich an dein wahres Zuhause … das dich in diesem Moment ebenfalls segnet.

Lass es einfach geschehen … und fühle dabei die grenzenlose Liebe, die du in Wahrheit bist … und immer warst…

4. Der Zug deines Lebens

Lege eine Hand auf dein Herz und fühle deinen Herzschlag. Sei dir bewusst, dein Herz schlägt nur für dich allein. Es ist voller Liebe … für dich! Es ist die Verbindung zu deiner wahren Heimat … deinem ICH BIN. Dort bekommst du die Antworten auf all deine Fragen. Nimm einfach Verbindung mit ihm auf.

Und nun lege die andere Hand auf deinen Bauch. Beobachte dabei deinen Atem … das Ein und Aus. Dein Atem ist, genau wie dein Herzschlag, die Verbindung zu deiner Seele … zu deinem wahren Zuhause. Es funktioniert von ganz alleine … ohne dein Zutun … ganz gleich, ob du schläfst oder wach bist. Deine Seele wacht darüber. Du kannst ihr also vollkommen vertrauen. Sie liebt dich unendlich und weiß immer genau, was das Beste für dich ist. Denn das ist immer auch das Beste für deine Seele.

Für deinen Verstand mag das manchmal anders aussehen. Doch er hat nicht die große Übersicht … wie deine Seele sie hat.

Vor dir steht nun ein Zug. Dieser Zug gehört dir allein und kann auch nur von dir gelenkt werden. Es ist … der Zug deines Lebens. Steig einfach ein und mach es dir bequem … er hat sehr behagliche Sitzplätze. Und er hält einige Überraschungen für dich bereit…

Jede deiner Absichten wird hier augenblicklich realisiert … und Heilung ist hier ebenfalls sehr einfach und schnell möglich.

Noch ein paar Atemzüge … und dein Zug fährt los. Er wird während der Fahrt deine verlorenen Anteile einsammeln und mitnehmen, damit du wieder vollständig DU sein kannst.

Bleibe dabei ganz in deiner Herzenergie … behalte deine Hand auf deinem Herzen … und vertraue deiner Seele.

Dieser Zug fährt durch einige Stationen deines Lebens. Dort warten schon deine Aspekte, deine Anteile, damit du sie mitnimmst. Denn sie wollen nur eins … wieder nach Haus kommen … zu dir … wie verlorene Söhne und Töchter. Irgendwann einmal sind sie ausgestiegen und haben sich verloren.

Und dabei haben sie … dich verloren. Doch sie gehören zu dir und wollen in deinem Zug des Lebens ab jetzt mitfahren… Bist du bereit?

Da ist zum Beispiel deine Klarheit … heiße sie einfach willkommen, denn sie wird sehr hilfreich für dich sein. Sie hilft dir bei deinen Erkenntnissen und schenkt dir eine klare Sicht.

Auch deine Angst ist da … sie wollte dich immer nur beschützen … ebenso wie der Zweifel…

Und der Hass … er wollte dir nur zeigen, dass du dich selbst nicht genug liebst. Er brachte Energien zum Ausdruck, die du zurückgehalten hast.

Diese Energien kannst du nun anders … leichter ausdrücken. All das war dafür da, dich sehr tief fühlen zu lassen…

Übergib dich ganz und gar deinem Vertrauen … das immer für dich da und untrennbar mit deiner Seele verbunden ist. Atme es einfach in dich hinein … verbinde dich mit ihm. Deine Absicht lässt es augenblicklich geschehen. Ja, auch dein Vertrauen ist ein Anteil von dir, der nun wieder zu dir gehören möchte.

Dein Vertrauen weiß, dass die Angst dich nur vom Leben abhalten will. Dein Vertrauen weiß auch, dass Hass … nur deine Hilflosigkeit ausdrückt. Dein Vertrauen weiß ebenfalls, dass Zweifel … der Bruder des Verstandes ist. Das Vertrauen ist der Bruder deines Herzens … eins mit dem Göttlichen … der Quelle in dir. Übergib also dem Vertrauen alles, was dir jetzt begegnet auf deiner Reise. Dann findet es ganz leicht zurück … nach Hause zu dir.

Atme mit deinem Vertrauen … und hole es zu dir nach Hause … jetzt.

Nun kommt ein weiterer Anteil von dir … die Freude. Sie möchte auch mit dir atmen … und sie möchte spielen. Atme sie tief in dich hinein … fühle sie … in deinem Herzen.

Auch die Leichtigkeit ist da … sie fühlt sich an wie eine Feder, die vor dir schwebt … und dich ganz leicht berührt. Sie möchte auch mitkommen auf diese Fahrt.

Und noch etwas ist da und nimmt Platz direkt neben dir … sie möchte so sehr von dir geliebt werden. Es ist … die Traurigkeit. Sie braucht deine Liebe. Das ist es, was ihr am meisten fehlt. Damit kannst du sie von ihrem Dienst an dir befreien. Sie will nun nach Hause … zu dir. Sie möchte nur gesehen werden … dann ist sie frei. Ja, sie hat dir tiefe Gefühle geschenkt… Sei dankbar dafür, denn sie haben dich näher zu deiner Seele geführt. Nimm sie nun in den Arm … sie sehnt sich so sehr danach.

Die Traurigkeit hat Energien in dir in Bewegung gebracht … und das ist sehr wertvoll. Ja, sie ist es wert, dass du sie liebst … und achtest … als Teil von dir. Dann fühlt sie sich wohl und braucht nicht mehr traurig sein … dann kann sie sich verwandeln und eins mit der Freude werden.

Deine Traurigkeit fühlt sich wie ein verstoßenes Kind … und dieses Kind lebt in dir. Wenn du sie nun in Liebe annimmst, bringt sie dir das Gefühl der Freiheit. Sie hat dich zu dir selbst geführt … das war ihre Aufgabe. Damit du deine Seele spüren kannst und sie nicht vergisst. Kannst du sie nun willkommen heißen und umarmen wie ein verlorenes Kind? Das wird dich frei machen…

Hab sie lieb, sie hat es verdient, denn sie ist die Liebe selbst. Sie wollte nur eins … dass du in dein Gefühl kommst … aus dem Verstand heraus. Wenn du deine Traurigkeit jetzt nach Hause holst, dann kann sie sich in die Freude verwandeln … die reine Freude am Sein.

Kannst du dir das erlauben? Es wird dir helfen, dich ganz anzunehmen … alles an dir. Und damit wirst du vollkommen frei.

Der Zug fährt sehr langsam … und er wird weiterhin langsam fahren. Er fährt auch an verschiedenen Stationen vorbei, die du dir einfach nur ansehen kannst. Es können Situationen sein, Erlebnisse oder auch Personen.

Du kannst auch einfach mit deiner Absicht den Zug anhalten … und diese Personen oder Erlebnisse segnen. Dieser Segen gibt deiner Seele das Signal, dass du ihr vertraust … dass du weißt, dass es nur ein Spiel war … ein Spiel im menschlichen Theater … mehr nicht.

Gib deinen Segen direkt aus deinem Herzen. Es ist deine Liebe … die alles akzeptiert … bedingungslos. Und das ist wahre Heilung … für alle Beteiligten. Alles war genau so richtig und gut, denn es hat dir und allen Beteiligten wertvolle Erfahrungen geschenkt.

Stell dir nun vor, wie ein Lichtstrahl auf diese Erlebnisse oder Menschen scheint … so hell wie die Sonne … direkt aus deinem Herzen…

Jede Station deines Lebens kannst du mit deiner Herzenergie segnen und annehmen. All diese Gefühle … oder Erlebnisse … oder Menschen … alles was du abgelehnt hast … sie haben dir wichtige Erkenntnisse geschenkt. Du wolltest all das erfahren und vor allem spüren. Das kannst du nur in einem menschlichen Körper.

Nun gilt es einfach, all diese Erfahrungen zu akzeptieren und zu ehren … all das zu segnen und damit aufzulösen. Ja, auch dich selbst kannst du dafür ehren. Du hast es verdient. Es war ein wertvolles Spiel.

Mit diesem Segen sagst du Ja zu deiner Seele … und nimmst jeglichen Widerstand und Kampf heraus. Es ist der Kampf … der Widerstand … der dich selbst am meisten verletzt … der sich schwer anfühlt. Wenn Kampf und Widerstand beendet werden … hören auch Verletzungen auf und können endlich heilen.

Nein, du musst nicht alles gutheißen, was geschehen ist … es bedeutet nur, dass du die Gegenenergie herausnimmst und damit DIR selbst und deinen Mitspielern die Freiheit gibst…

Alles darf sein … alles will nur gesehen und gefühlt werden… Wenn du dir das erlaubst, kann sich alles ganz leicht verwandeln … und sich auflösen in reine Lebensenergie.

Fühle deine Erlaubnis … deinen Segen … und spüre dabei deinen Herzschlag und deinen Atem… Alles was du akzeptieren kannst, was jetzt da sein darf, ist im gleichen Moment erlöst … und du bist frei. Alles diente nur den Erkenntnissen und Erfahrungen … für alle Beteiligten gleichermaßen.

Aus der Sicht der Seele ist es nicht leicht, eine gemeine Rolle für einen anderen Menschen zu übernehmen. Es bedeutet sehr viel Liebe vom Mitspieler, der anderen Seele.

Sobald du deinen Widerstand aufgibst, kannst du aus dem bisherigen Spiel aussteigen und es dir von Außen betrachten. Von dort sieht dann alles ganz anders aus … und du erkennst die größeren Zusammenhänge. Das bedeutet augenblicklich Freiheit für alle.

Fühle nun mal hinein in dieses befreiende Gefühl … lass alles Belastende vollkommen los … fühle nur dein Herz und deinen Atem … und genieße die Fahrt in deinem Zug.

Wir sind nun am Ziel angekommen … auf einem wunderschönen Berg, von dem aus du alles überblicken kannst. Alles ist hier frei und weit … grenzenlos.

Ja, steige ruhig aus deinem Zug aus und sieh dir die Umgebung ein wenig an … genieße den Ausblick, die unendliche Weite.

Du stehst mit beiden Beinen auf dem Boden … und kannst das Gras unter deinen Füßen spüren … Gaia, Mutter Erde … und ihre liebende Energie. Spüre deine Fußsohlen … wie sie sich jetzt mit Gaia verbinden … eins mit ihr werden.

Und nun stell dir vor, wie aus deinen Fußsohlen Wurzeln wachsen … tief in die Erde hinein. Lass sie einfach wachsen … und atme deine Liebe … deine Herzenergie dort in deine Wurzeln hinein. Mutter Erde braucht deine Anwesenheit … deine Liebesenergie … und sie wird diese Liebe tausendfach weitergeben. Du gibst sie hinein … und bekommst sie augenblicklich von Gaia zurück … es geschieht ein Geben und Nehmen in Liebe.

Ebenso bekommen all deine Anteile, die du im Zug mitgenommen hast … nun diese Liebesenergie von dir…

Spüre jetzt, in diesem Moment einfach nur diese Liebesenergie von Mutter Erde … wie sie dich durchflutet … dir Kraft gibt… Öffne nun dein Herz und stell dir vor, es strahlt eine Sonne hervor … mit ihren warmen, hellen Strahlen.

Diese Sonne bist du … es ist deine Seelenliebe … und nun darfst du sie weit ins Universum strahlen lassen … überall hin…

In diesem Augenblick nimmst du noch etwas wahr, das du vorher nicht gesehen hast… Es ist eine helle, lichte Gestalt… Sie steht direkt vor dir … und sie sieht genauso aus wie du. Ja, es ist deine Seele … und sie begrüßt dich jetzt voller Liebe und Achtung.

Du darfst sie jetzt umarmen … sie ist dir ganz nah. Und du kannst ihre unendliche Liebe zu dir spüren … sie ganz in dich aufnehmen. Genieße dieses Gefühl mit allen Sinnen … bade darin…

Ja, deine Seele ist immer bei dir, auch wenn du jetzt wieder in deinen Zug einsteigst. Sie wird dich liebevoll begleiten und immer lieben, denn du bist ein Teil von ihr. Lade sie einfach ein, wenn dein Zug ab jetzt eine neue Landschaft durchfährt. Viele wunderbare Begegnungen warten auf dich. Bist du bereit? Dann genieße die Fahrt … genieße die Liebe deiner Seele … genieße das Gefühl des Einsseins … mit dir.

5. Die Neugeburt des inneren Kindes

Lege wieder eine Hand auf deinen Herzbereich und fühle dort die Verbindung zu deiner Seele. Fühle ihre Liebe zu dir und schenke ihr jetzt dein Vertrauen.

Lege die andere Hand auf deinen Bauch und spüre dort deinen Atem … das Ein und Aus, das ohne dein Zutun geschieht. Genieße es, vollkommen bei dir anzukommen … im Hier und Jetzt.

Halte ganz liebevoll deine Hand auf deinen Bauch und fühle … genau dort … das Kind, das du bist. Es fühlt sich dort gerade wie in einer Gebärmutter. Streichle es zärtlich und sage ihm, dass es von Herzen willkommen ist … dass du dich freust, dass es da ist.

Dieses Kind, das du bist, ist voller Liebe für dich, den Erwachsenen. Und es freut sich, jetzt durch dich neu geboren zu werden. Es freut sich, herzlich willkommen geheißen zu werden … von dir. Keiner könnte es liebevoller empfangen … als du. Du bist jetzt bei seiner Geburt dabei und kannst es mit all deiner Liebe empfangen. Du kannst diesem Kind in dir das geben, wonach es sich bisher gesehnt hat … deine innige Herzensliebe.

Niemand könnte ihm diese Liebe so bedingungslos geben wie du es kannst. Du kannst ihm die besten Eltern sein, die es jemals hatte. Du kannst es fühlen lassen, was die einzig wahre Liebe bedeutet. Dieses Kind, es braucht jetzt nur dich. Lade dieses Kind in dir jetzt ein, mit dir zu leben. Zeige ihm deine

Welt. Lass es teilhaben an deinem Leben. Es wird dich immer verstehen, so gut wie kein anderer Mensch.

Nimm es jetzt in die Arme, dieses zarte Wesen, das in dir wohnt und sich nach deiner Liebe sehnt. Umarme es zärtlich und gib ihm Geborgenheit. Heiße es willkommen in deinem Leben und liebe es für das, was es ist. Danach sehnt es sich so sehr.

Ja, es wird genau jetzt, in diesem Moment durch dich wiedergeboren. Und es bringt dir wunderbare Geschenke mit.

Es weckt die kindliche Freude in dir, die du lange vermisst hast. Jetzt darfst du sie wieder spüren.

Atme mit diesem Kind gemeinsam … atme es ins Leben hinein … lass es liebevoll zur Welt kommen … und werde eins mit ihm.

Es wird dich niemals mehr verlassen. Schenke ihm so oft es geht deine Aufmerksamkeit und deine Liebe. Und es wird die pure Lebenslust und Freude in dir wecken, mit der du einst in diese Welt gekommen bist.

Erlaube dir, die Welt ganz neu kennenzulernen … gemeinsam mit dem Kind in dir, das jetzt durch dich leben will.

Sieh die Welt in diesem Augenblick durch die Augen dieses Kindes, das du bist … und betrachte Alles was ist ganz neu…

6. Das Seelenkind und die Befreiung

Spüre in deinem Herzbereich die Verbindung zu deiner Seele, zu deinem wahren Sein, zu deiner göttlichen Heimat.

Beobachte deinen Atem … das Ein und Aus … und wie dein Bauch sich dabei hebt und senkt. Komm ganz bei dir an … im Hier und Jetzt. Lass deine Gedanken einfach ziehen … gib ihnen keine Bedeutung. Werde ruhiger und ruhiger…

Es gibt einen Teil in dir, der dich unendlich liebt und heute anwesend ist. Es ist der Ursprung deiner Seele, das reinste und liebevollste Wesen, das du jemals warst. Du kannst es auch das göttliche Kind nennen. Ja, auch deine Seele begann ihr Dasein als ein Wesen voller Reinheit und Liebe. Es fehlte ihm damals jedoch etwas sehr Wertvolles … deine Erfahrungen.

Dieses reine lichtvolle Wesen … das göttliche Kind, das tief in dir wohnt und das du gut versteckt hattest, möchte heute für dich da sein. Empfange es in diesem Augenblick mit all deiner Liebe … und heiße es von Herzen willkommen.

Dieses Kind deiner Seele, der Ursprung deines Seins, wird dich ab jetzt mit seiner Liebe unterstützen. Es wird dir dabei helfen, frei von Altlasten neu zu beginnen … wenn du bereit dafür bist.

Dieses göttliche Kind umarmt dich nun mit der Essenz dessen, was du in Wahrheit bist und immer sein wirst … ein lichtvolles Wesen voller Liebe und Präsenz. Genieße seine Anwesenheit … atme sie in dich hinein. Mit jedem Atemzug ein wenig mehr…

Dieses Kind der Liebe, das in dir wohnt ... es bringt dir noch etwas mit. Es ist die Erinnerung an deine Grenzenlosigkeit und daran, dass du auch Gott bist ... der sich für eine kurze Zeit in einem Körper versteckt hat, um sich zu erfahren.

In deinem Körper hast du Lasten angehäuft, die du jetzt deinem göttlichen Kind übergeben kannst. Ja, es ist Zeit, sie endgültig loszulassen.

Es ist ganz einfach. Dieses göttliche Kind wird deine Absicht empfangen. Du kannst ihm deine Lasten in seine Hände legen ... oder sie einfach ausatmen. Du kannst ihm deine Bereitschaft kundtun ... durch Worte ... oder einfach durch Gedanken. Ganz gleich, wie du deine Bereitschaft zeigst oder erklärst. Es wird dich verstehen. Denn es weiß alles über dich, selbst das, was dir nicht einmal bewusst ist.

Fühle dabei, wie deine Schultern leichter und lockerer werden ... wie deine Muskeln sich entspannen ... und ebenfalls dein Rücken. All diese Lasten ... wozu auch Sorgen und Ängste gehören ... dienten deinem menschlichen Spiel. Sie waren nur Illusion. Und nun darf sich diese Illusion ganz einfach auflösen. Du darfst jetzt frei davon sein...

Fühle die Leichtigkeit, die sich nach und nach einstellt... Nimm die Geschenke deines göttlichen Kindes jetzt an. Es ist pure Lebensenergie ... Mut ... grenzenloses Vertrauen ... Lebensfreude und bedingungslose Liebe. Fülle dein ganzes Sein damit auf und lass das göttliche Kind in dir durch deine Augen schauen ... jetzt in diesem Moment.

Ja, auch das bist du!

7. Dein göttliches Licht

Lege wieder eine Hand auf deinen Herzbereich und fühle, wie es für dich schlägt. Es ist Liebe pur, der Zugang zu deiner Seele … deinem wahren Zuhause.

Lege die andere Hand auf deinen Bauch und spüre, wie dein Bauch sich hebt und senkt. Höre deinem Atem zu … es ist die Energie von Zuhause. Atme mit jedem Einatmen Ruhe in dich hinein. Lass deinen ganzen Körper damit vollständig durchfluten. Alles ist in bester Ordnung. Vertraue deiner Seele … deinem Herzschlag, deinem Atem, deinem Körper.

Nur du bist jetzt wichtig. Du bist der Mittelpunkt deines Lebens, von allem, was dich umgibt.

Stell dir nun vor, aus deinem Herzen kommt in diesem Moment ein heller, wärmender Lichtstrahl. Er durchdringt Alles was ist … hell und klar. Deine Umgebung beginnt zu leuchten … und grenzenlose Liebe strömt aus deinem Herzen. Sie verändert alles … sie erlaubt alles … sie akzeptiert alles. Du brauchst dafür nichts tun … einfach nur sein…

Genieße dieses Gefühl … der Mittelpunkt zu sein … und dich selbst mit deinem eigenen Licht zu füllen. Es ist nicht dein menschliches Licht … es ist dein göttliches Licht … das du gerade aktiviert hast. Und dieses Licht strahlt wie die Sonne … auf Alles was ist, ganz gleich wie es sich dir zeigt. Fühle es … genieße es. Du bist diese leuchtende Sonne.

Dehne nun dieses Licht noch weiter aus … in die Unendlichkeit … in den Kosmos hinein … grenzenlos.

In der Ferne siehst du jetzt noch ein paar Anteile, die langsam auf dich zukommen. Sie alle gehören zu dir. Ja, auch sie sind deine Kinder, die sich nach dir sehnen. Viel zu lange hast du sie von dir getrennt.

Nun sehen sie dein Licht … und fühlen sich davon angezogen. Heiße sie willkommen, ganz gleich, was sie sind oder was sie gespielt haben. Sie haben es aus Liebe getan … aus Liebe zu dir. Nun sind sie des alten Spiels müde und wollen ins Licht zurück … in dein Licht … zu dir.

In diesem Licht löst sich Alles auf … und wird ebenfalls zu Licht. Mach deinen Seelenanteilen dieses Geschenk. Sie warten schon so lange darauf.

Da stehen deine Sorgen … deine Ängste … ja, auch die Wut … der Hass … die Eifersucht. Da steht die Traurigkeit … und der Kummer.

Sie alle sind sehr müde und fühlen sich von deinem Licht angezogen. Sie wollen auch das Licht sein … jetzt. Nimm sie auf … atme sie ein … umarme sie in Liebe. Es sind deine verlorenen Söhne und Töchter. Dein göttliches Licht, das du ausstrahlst, hat sie nach Hause gerufen. Nimm sie voller Liebe an … jetzt.

Es stehen noch mehr Anteile vor dir … deine Rollen, die du gespielt hast. All das, was du dachtest zu sein. Es ist nur ein Spiel … eine Illusion. Jetzt wollen sie alle nach Hause zu dir … ins göttliche Licht. Du bist verliebt in deine Rollen … doch es ist nur ein Schauspiel, auch wenn du das vergessen hast. Nun kannst du verliebt sein in dein Selbst … in dieses göttliche Licht, das aus dir strahlt. Nur das ist wirklich real. Es ist voller Liebe … zu dir … zum Leben … und zu allem, was du immer noch meinst zu sein.

Es gibt noch ein paar Anteile, die zaghaft näher kommen … die auch dein Licht spüren wollen. Es sind deine Mitspieler hier auf der Erde. Lass dein Licht einfach auf sie strahlen … mehr brauchst du nicht zu tun. Es wird sie erreichen … soweit sie es erlauben können. Und es wird das göttliche Licht in ihnen ebenfalls entzünden … wenn sie bereit dazu sind … jetzt oder später. Es liegt ganz in ihrer Entscheidung.

Sei wie ein Leuchtturm und strahle dein Licht auf Alles was ist. Dieses göttliche Licht in dir kann niemals jemand auslöschen. Es kann nicht bekämpft werden. Es kann auch nicht dunkler werden. Es ist reines göttliches Bewusstsein … reines göttliches Licht … das du immer unbegrenzt zur Verfügung hast.

Sie dir dessen in jedem Augenblick bewusst und aktiviere dieses Licht in dir mit deiner Absicht … mit deinem Atem. Atme diese Liebesenergie in all deine Zellen, in dein gesamtes Sein. Und lass sie mit jedem Atemzug in die Welt hinausstrahlen.

Hier kannst du pure Selbstliebe spüren … die Liebe deiner Seele … die einzig wahre Liebe. Genieße sie … und atme mit ihr…

8. Energie für deinen Körper

Lege eine Hand auf deinen Herzbereich und fühle, wie es für dich schlägt … mit all seiner Liebe … ohne dein Zutun. Fühle dort die Verbindung zu deinem wahren Zuhause … zu deiner Seele.

Lege die andere Hand auf deinen Bauch und spüre, wie er sich mit jedem Atemzug hebt und senkt. Lausche deinem Atem … und atme bewusst Lebensenergie in dich hinein. Dein Körper braucht deinen Atem, ohne ihn könnte er nicht existieren. Spüre, wie du immer ruhiger wirst, wie du vollkommen entspannst. Sei ganz bei dir … im Hier und Jetzt.

Nun öffne dein Herz und aktiviere dein göttliches Licht. Lass es größer und größer werden … und lass es strahlend hell leuchten. Dieses Licht bist du, es ist deine wahre göttliche Ursprungsenergie. Du hast es viel zu lange verborgen … und jetzt ist die Zeit, Ja zu dir, Ja zum Leben zu sagen und es hell strahlen zu lassen.

Deine eigene göttliche Lebenskraft, dieses wunderbare Licht in dir, lass es nun hinein in deinen Körper strömen. Atme mit diesem Licht. Spüre seine erfrischende Lebensenergie und nimm sie in jede Zelle auf. Deine Organe, all deine Körperteile brauchen diese Energie, um wirklich zu leben. Spüre, wie sich dein Körper mit dieser göttlichen Lichtenergie in dir auflädt … und genieße es. Sei ganz für dich da, im Hier und Jetzt. Alles geschieht von selbst, sei dir nur dieses göttlichen Lichtes in dir gewahr. Bade deinen Körper in diesem Licht. Er hat es verdient.

Wenn du eine Stelle an deinem Körper bemerkst, die gerade besonders wenig Energie hat, dann lenke dein Herzenslicht ganz besonders zu dieser Stelle. Du kannst auch die Hand, die auf deinem Bauch liegt, jetzt an diese Körperstelle legen.

Verbinde nun ganz bewusst diese beiden Punkte miteinander. Lass die Liebe und das Licht aus deinem Herzen direkt dorthin fließen, wo es dein Körper gerade braucht.

Atme mit deinem Herzenslicht und mit deinem Körper. Schenke ihm dein Ja zum Leben. Er braucht diese Energie von dir, um seine Lebensfunktionen aufrecht zu erhalten. Jedes Ja zum Leben von dir stärkt seine Zellen und trägt pure Heilenergie in sich.

Kannst du deinem Körper jetzt dieses Ja zum Leben schenken? Kannst du es in dich hineinatmen? Dann durchströme dich damit … nimm es ganz und gar in dich auf … jetzt. Genieße es, dich zu spüren … und einfach nur da zu sein.

9. Ein neues Wahrnehmen

Lege eine Hand auf dein Herz und spüre deinen Herzschlag. Spüre die bedingungslose Liebe, die von deinem Herzen ausgeht … für dich… Sei dir bewusst, es schlägt nur für dich allein. Es ist die Verbindung zu dem Lichtwesen, das du wirklich bist.

Spüre jetzt auch die Energie in deiner Hand … nimm wahr, wie sich deine Handfläche anfühlt. Fühle den Stoff, auf dem sie liegt … und spüre die Energie, die deine Hand ausstrahlt … direkt auf der Stelle, wo sie gerade liegt. Es könnte warm werden … oder kribbeln. Beobachte es einfach nur.

Höre deinem Atem zu und spüre ihn bis hinunter in deinen Bauch. Fülle dich bei jedem Atemzug mit frischer Lebensenergie … und gleichzeitig mit der Energie von Zuhause.

Lege deine andere Hand nun dorthin … auf deinen Bauch … und beobachte, wie er sich mit jedem Atemzug hebt und senkt. Nimm auch diese Handfläche bewusst wahr … wie fühlt sie sich an? Spüre ganz bewusst die Berührung, den Kontakt deiner Hand auf deinem Bauch … einfach nur fühlen, mehr nicht.

Und nun fühle beide Hände gleichzeitig … nur die Hände. Fühle ihre Energie … ihre Wärme. Sie wird sich verstärken, nur durch deine Wahrnehmung, durch deine Beobachtung.

Es ist reine göttliche Energie … kraftvolle Lebensenergie, die durch deine Hände fließt. Und nun kannst du diese Energie in deinen ganzen Körper fließen lassen. Sie kennt ihren Weg … hab einfach nur die Absicht und lass es frei fließen.

Ja, du kannst deine Hände auch an verschiedene Körperstellen legen … spür einfach hinein … und fühle den Unterschied. Lade diese Stellen an deinem Körper auf mit deiner eigenen Lebensenergie…

Nimm nun einen tiefen Atemzug … und spüre die Luft um dich herum. Nimm sie ganz bewusst wahr. Fühle ihre Energie … vielleicht auch ihren Duft.

Sieh dich um und nimm auch die Farben um dich herum wahr … fühle, wie sie auf dich wirken. Manche wirken beruhigend … manche belebend.

Du kannst nun deine Wahrnehmung durch Berührung verschiedener Dinge trainieren. Berühre sie ganz bewusst … fühle ihre Struktur … die Kälte oder die Wärme … ob sie weich sind oder hart. Manche sind eckig, manche rund. Erforsche wie ein kleines Kind all diese Dinge, als hättest du sie noch nie berührt. Stell dir vor, du würdest all das gerade zum ersten Mal kennenlernen. Du kannst auch daran riechen … oder schmecken.

Erforsche es … ganz ohne deinen Verstand. Erlaube dir, alles nur zu fühlen … ohne Wertung, ohne Gedanken. Schließe nun deine Augen und nimm alles noch intensiver wahr, öffne dich für das Fühlen von Energien … in einer ganz neuen Weise. Und sei dir bewusst … Gott, dein wahres ICH BIN, die Quelle in dir … fühlt dies gerade … durch dich … und lernt die Welt durch dich auf eine neue Weise kennen. Gott erkundet seine Schöpfung … deine Schöpfung … und fühlt sie gerade durch deine Hände.

Sei in diesen Momenten versunken wie ein Kind, ganz im Hier und Jetzt. Dieses fühlende Erforschen öffnet dir buchstäblich neue Welten. Es lässt dich deine Welt auf eine völlig neue Art wahrnehmen, die du längst vergessen hast. Und … es erlaubt deinem Verstand eine Pause.

Beim bewussten Wahrnehmen bist du deiner Seele ganz nah, so wie du es als Baby warst. Genieße dieses Beisammensein … diese Nähe … dieses Einssein mit deiner Seele…

10. Die allumfassende Liebe deiner Seele

Lege eine Hand auf dein Herz und spüre deinen Herzschlag. Spüre die bedingungslose Liebe, die von deinem Herzen ausgeht ... für dich ... und ebenso für Alles was ist.

Höre deinem Atem zu und spüre, wie er deinen Körper mit Lebensenergie versorgt. Atme in jede deiner Zellen und verbinde dich durch deinen Atem ganz bewusst mit deiner Seele. Sie ist mit dir untrennbar verbunden...

Stell dir nun vor, wie dein Herz sich öffnet und die Sonne in dir beginnt zu strahlen ... mit jedem Atemzug heller und weiter. Deine Lichtstrahlen erreichen Alles, sie durchdringen jede Materie. Fühle dieses Licht, das von dir ausgeht und bade nun selbst darin ... es ist Liebe pur.

Ja, deine Lichtstrahlen können auch farbig sein ... nimm einfach alles wahr, jede Veränderung und die innige Liebe, die darin mitschwingt.

Nun kannst du deine Hände ausbreiten ... öffne deine Arme ganz weit, so als ob du jemanden empfangen willst.

Deine Seele hat das Licht deines Herzens wahrgenommen, sie hat deine Liebe gespürt und steht nun vor dir. Sie möchte bei dir sein ... und dich gleichfalls ihre allumfassende Liebe spüren lassen.

Fühle nun diese besondere Liebe deiner Seele ... und genieße sie. Atme sie in dich hinein ... in jede deiner Zellen ... und verbinde dich mit ihr.

Deine Seele lässt dich wissen, dass sie immer mit dir verbunden war und es auch immer sein wird. Doch es ist nur ein kleiner Teil von ihr in deinem Körper … damit du deine Verbindung zu deinem wahren Zuhause niemals verlieren kannst.

Nun möchte sie gemeinsam mit dir ganz bewusst einige Anteile nach Hause holen. Bist du bereit, sie zu empfangen?

Deine Anteile, deine Aspekte haben für dich Erfahrungen gemacht und dich bereichert. Sie sind wie eine wandelnde Bibliothek des Wissens und der Erfahrung. Und jetzt wollen sie einfach wieder mit dir eins sein. Ja, sie fühlen sich getrennt wie verlorene Kinder…

Zusammen mit deiner Seele kannst du sie nun einladen und willkommen heißen. Sie werden nicht das sein, wofür du sie hältst, denn das war nur ihre Verkleidung. Jetzt sind sie einfach nur glücklich, wieder zu dir gehören zu dürfen.

Jeder deiner Anteile wird sich nun zeigen oder zu erkennen geben. Es kann sich um Gefühle handeln … Emotionen wie Angst oder Wut. Es kann eine andere Verkörperung sein, ein anderes Leben, das du geführt hast. Es können auch Eigenschaften sein.

Alles, was dir besonders auffällt, ist ein Anteil von dir. Er macht dich auf sich aufmerksam, damit du ihn sehen und annehmen kannst. Sei dankbar dafür, denn diese Vereinigung macht dich vollständig. Empfange jeden einzelnen Anteil, jeden einzelnen Aspekt mit dem Licht deines Herzens. Lass es jetzt besonders hell und besonders liebevoll strahlen. Dieses Herzenslicht wird Alles sofort verändern … und heilen.

Angst, Wut, Neid, Leiden, Trauer, Scham … das Alles darf jetzt sein und liebevoll von dir angenommen werden. Nimm es in dein Herz und erlaube dir, es zu fühlen. Nur so kann es sich endgültig transformieren … jeglicher Widerstand kann sich dadurch augenblicklich auflösen.

All diese Erfahrungen hatten einen tiefen Sinn. Sie haben dir wertvolle Erkenntnisse gebracht … dich und damit deine Seele bereichert.

Lass dein Licht weiter strahlen, ganz weit und hell. Atme mit diesem Herzenslicht und dieser Liebe in dir … und alles wird sich verändern … alles darf jetzt heilen. Mach dich ganz weit … du darfst dich mit deinem Licht und deiner Energie jetzt ganz weit ausdehnen.

Ja, deine Anteile hatten Angst vor dir, genau wie du vor ihnen. Doch deine Liebe … dein Herzenslicht lässt sie spüren, dass du sie liebst, als Teil von dir selbst. Sie haben ein Spiel gespielt … sie waren Schauspieler auf einer großartigen Bühne – mehr nicht. Es hat keine Bedeutung, welche Rolle sie gespielt haben … nur die, die du ihnen gibst.

Du hast deine Aspekte nach Außen gestellt, um dich selbst besser kennenzulernen … auf vielfältige Weise. Sei dir in diesem Moment bewusst … es ist das Spiel der Quelle … Gottes Spiel … dein Spiel. Nur dadurch erkennt Gott, die Quelle, sich selbst … und du bist auch Gott!

Atme … und fühle in diese Worte hinein. Fühle jetzt … die allumfassende Liebe deiner Seele … deiner Anteile … und die Liebe der Quelle in dir…

11. Der Raum der Stille

Lege eine Hand auf dein Herz und spüre deinen Herzschlag. Spüre dabei die Verbindung zu deinem wahren Zuhause … und die Liebe deiner Seele. Verbinde dich mit ihr, werde ganz und gar eins mit dieser Liebe.

Höre deinem Atem zu und komm mit jedem Atemzug mehr bei dir selbst an. Atme Ruhe in dich hinein … Gelassenheit … Harmonie … Stille.

Lass es einfach fließen … ohne jegliche Kontrolle. Alles geschieht von selbst, ohne dein Zutun.

In diesem Raum der Stille, in dem du nur deinem Atem zuhörst … ist alles möglich. Hier ist der Beginn von Allem … dein Schöpferraum … dein Raum der Heilung.

Hier brauchst du nur zu *sein* … ohne etwas zu tun. Sei dir einfach nur dieses Raumes gewahr … spüre diese besondere Harmonie, diese Leere. Und lass die Energien weiterhin frei fließen. Sie kennen ihren Weg.

Dieser Raum der Stille enthält alle Möglichkeiten … auch das, was der Verstand nicht kennt. Hier befindet sich auch die perfekte Blaupause deines Körpers … in seiner vollkommenen Funktion und Form. Du kannst ihn spüren … und mit ihm atmen.

Dieses perfekte Bild ist in deinen Zellen gespeichert … es umgibt dich … und nun kannst du es aktivieren. Sei dir einfach nur gewahr, dass dieses perfekte Bild existiert.

Dein Körper ist ein wunderbares, intelligentes Wesen ... und er weiß immer genau, was zu tun ist ... wie er sich selbst in die göttliche Ordnung zurückführen kann. Was ihn manchmal daran hindert, sind gespeicherte Energien, die festgehalten werden. Jetzt kannst du diese Energien befreien ... du kannst sie ganz einfach über deinen Atem entlassen ... sanft und mühelos.

Mit jedem Ausatmen entlässt du jetzt diese alten gespeicherten Energien. Sie sind nun bereit für ihre Befreiung. Ja, du kannst sie auch aus dir herauspusten ... in diesen leeren Raum hinein ... und sie werden sich augenblicklich auflösen. Du brauchst sie nicht lenken ... sie kennen ihren Weg. Überlasse sie vertrauensvoll sich selbst ... und segne sie.

Löse dich von Allem, was du noch festgehalten hast ... es dient dir nicht mehr. Erlaube dir, dich frei zu fühlen ... und spüre, wie die Energien sich verändern ... jetzt.

Atme ruhig weiter ... und genieße die Stille, die alles transformiert ... die alles enthält ... die alles heilt.

In dieser Stille kannst fühlen, was deine Seele dir sagen will ... sie weiß immer, was das Beste für dich ist.

12. Die Kraftquelle für deinen Körper

Lege wieder eine Hand auf dein Herz und höre deinem Herzschlag zu. Spüre die unendliche Liebe, die du dort in dir trägst ... die Liebe zu Allem was ist ... die Liebe deiner Seele.

Höre auch deinem Atem zu und spüre, wie du mit jedem Atemzug mehr bei dir selbst ankommst … im Hier und Jetzt, in deinem sicheren ruhigen Raum.

Fühle nun deine beiden Hände … spüre ihre Wärme … fülle sie mit deiner Liebe … und lass diese Liebe in deinen ganzen Körper fließen … in jede deiner Zellen. Es ist die Liebe von dir selbst, die du nun spürst … sie entsteht allein durch deine Absicht im gleichen Moment. Spüre, wo dein Körper diese Energie besonders braucht, und lege deine Hände genau dort hin. Lass deine Liebe dort aus deinen Händen strömen…

Deine Hände tragen Ruhe und Geborgenheit in sich … lass auch diese Energien nun in deinen Körper strömen … genieße dieses Bad aus Harmonie und Liebe. Lass dich von deinem Körper führen … er wird dir zeigen, wo er deine Hände gerade am meisten braucht.

Fühle nun in deinem Herzen Dankbarkeit … für deinen Körper, der dir einzigartige menschliche Erfahrungen ermöglicht. Vertraue ihm und seiner Intelligenz. Sei dir bewusst, dass dein Körper das perfekte Bild in sich trägt und erinnere ihn daran … jetzt. Er freut sich sehr über deine Aufmerksamkeit und nimmt sie dankbar in sich auf, um dir weiterhin zu dienen.

Spüre nun auch die bedingungslose Liebe deines Körpers … zu dir. Er wird dir alles verzeihen und ist immer bestrebt, einen Ausgleich zu schaffen.

Was er braucht … von dir … ist Beachtung und Dankbarkeit. Damit aktivierst du seine in ihm wohnende Intelligenz … die gleichfalls die Intelligenz Gottes ist.

Streichle deinen Körper nun ... durchströme ihn mit Aufmerksamkeit und Liebe. Nimm dir Zeit und fühle dies ganz bewusst ... aktiviere damit deine Zellen, damit sie in die harmonische göttliche Ordnung zurückfinden können.

Nun kannst du deine Handflächen nach oben halten ... und dir vorstellen, Energie aus dem Kosmos in dich aufzunehmen. Sie kommt direkt aus dem Raum um dich ... und fließt in deine Handflächen ... liebevolle und zugleich stärkende Energie.

Sie fließt direkt in deinen Körper ... in jede deiner Zellen. Füll dich damit vollständig auf. Diese Energie ist unerschöpflich ... es ist reine göttliche Energie. Und sie steht dir ab jetzt in jedem Moment zur Verfügung.

Genieße noch eine Weile diesen Energiefluss ... diese Lebenskraft, die deinen Körper jetzt durchströmt und ihm unendlich gut tut...

13. Lass dein altes Gepäck los

Lege wieder eine Hand auf dein Herz und spüre die Kraft, die Energie deines Herzschlags. Dort bist du verbunden mit der Energie deiner Seele und ihrer unermesslichen Liebe zu dir.

Lausche deinem Atem und beobachte, woher der nächste Atemzug kommt. Es geschieht ganz von alleine, ohne dein Zutun, ohne deine Kontrolle. Dein Verstand darf sich jetzt ausruhen, das hat er sich verdient. Jetzt darfst du einfach nur deinem Gefühl vertrauen ... und deiner Seele. Ja, du darfst dich vertrauensvoll in die Arme deiner Seele fallen lassen. Sie steht immer bereit, dich aufzufangen und dich ihre Liebe spüren zu lassen. Atme gemeinsam mit deiner Seele … ein und aus.

Ein paar Engel sind heute gekommen, um etwas abzuholen … etwas das dich sehr drückt. Es sind die Lasten, die du für andere trägst. Wenn du jetzt bereit bist, dieses Gepäck loszulassen, von deinen Schultern zu nehmen … dann übergib es jetzt einfach diesen Engeln. Es geht ganz leicht … über deinen Atem.

Lass jetzt ganz bewusst alles los, was dich belastet … und spüre, wie es leichter und leichter wird…

Jegliche Verantwortung, die du für andere getragen hast, kannst du jetzt loslassen … denn sie gehört nicht dir. Ja, es hindert diese Seelen an ihrem eigenen Weiterkommen, an ihrer eigenen Entwicklung.

Nun ist es an der Zeit, die Verantwortung für dich selbst zu übernehmen … nur für dich selbst!

Sage nun laut: **„Ich bin nur noch verantwortlich für mein eigenes Leben!“**

Fühle dabei tief in die Energie dieser Worte hinein … wiederhole sie immer wieder … und du wirst neue Energie in dir spüren … deine eigene Energie.

Du selbst hast bereits alles in dir, was dich glücklich macht. Es ist Zeit, das zu entdecken … dich selbst zu entdecken. Alles Glück dieser Welt steht bereit für dich … du brauchst es dir nur zu erlauben. Niemand könnte dich daran hindern, außer dir selbst.

Nimm noch einmal einen tiefen Atemzug und fühle die neue Leichtigkeit… Übernimm die Verantwortung für dein Leben … für dein eigenes Glück … und genieße es.

14. Eine Streichelreise

Lege nun eine Hand auf dein Herz und verbinde dich dort mit deiner Seele, deinem wahren Zuhause in dir. Die andere Hand lege auf deinen Bauch und beobachte, wie er sich bei jedem Atemzug hebt und senkt. Komm ganz im Hier und Jetzt … bei dir selbst an.

Lege dich entspannt in die Arme deiner Seele und atme Ruhe, Vertrauen und Geborgenheit in jede Zelle deines Körpers. Alles ist in bester Ordnung. Alles ist gut, wie es ist.

Nimm nun deinen Körper wahr. Er ist dein wichtigster und bester Freund in diesem Erdenspiel. Und er liebt dich bedingungslos. Ja, er ist der ehrlichste Freund, den du als Mensch jemals hattest. Nun freut er sich, von dir wahrgenommen zu werden. Er freut sich über Berührungen von dir … und er ist sehr dankbar für deine Liebesenergie.

Diese Liebesenergie, die du deinem Körper jetzt gibst, wird er verwandeln in pure Lebensenergie. Bist du bereit?

Nun, dann beginne mit deinem Bauch. Schenke ihm deine Aufmerksamkeit. Streichle ihn ganz sanft und liebevoll. Danke deinem Bauch für sein Dasein, für seine wunderbare Funktion und lass deinen Atem dorthin fließen. Genieße diesen Moment…

Dann geh mit deiner Aufmerksamkeit und deiner Hand zu deinem Herzen. Danke auch ihm für sein Dasein, dafür dass es für dich schlägt … unermüdlich, ganz von selbst. Atme deine Liebe dorthin … ganz sanft.

Und nun ist deine Brust dran. Streichle sie zärtlich und liebevoll … und danke ihr für ihr Dasein. Alles ist vollkommen. Alles gehört zu dir. Jetzt darfst du es spüren … und dich verwöhnen. Atme deine Liebe jetzt zu deiner Brust…

Ja, auch deine Genitalien wollen von dir gestreichelt und beachtet werden. Sie sind ein wertvoller Teil deines Körpers und vor allem zu deiner Freude da. Ganz gleich, was du darüber gelernt hast, sie wollen deine Aufmerksamkeit und deine Liebe. Erlaube dir, dich zu verwöhnen…

Auch deine Beine wollen von dir beachtet werden. Streichle sie voller Liebe und Dankbarkeit, denn sie tragen dich durch diese Welt. Ganz gleich, wie sie aussehen, sie sind perfekt und ein wertvoller Teil deines Körpers, ein wertvoller Teil von dir. Atme deine Liebesenergie jetzt in deine Beine…

Nun darfst du deine Arme und deine Hände streicheln … und ihnen ebenfalls für ihr Dasein und ihren Dienst danken. Durch sie kannst du die Welt begreifen. Durch sie kannst du etwas erschaffen. Sie sind wundervolle Werkzeuge und sie gehören nur dir. Atme deine Liebesenergie nun in jede Zelle deiner Arme und Beine…

Auch wenn ein Körperteil mal nicht so funktionieren sollte, wie du es willst … jedes einzelne von ihnen ist absolut vollkommen. Vielleicht braucht es mal eine Pause. Vielleicht will dein Körper dir einfach Ruhe gönnen. Vielleicht hast du seine Signale überhört. Ja, du bist immer vollkommen, wie du gerade bist.

Nun darfst du auch dein Gesicht streicheln. Es hat viel Aufmerksamkeit verdient, denn es hält am meisten Kontakt mit deiner Außenwelt. Es zeigt deine Stimmungen, deine Gefühle.

Streichle über deine Stirn, ganz sanft. Über deine Augen … über deine Nase … über deinen Mund … über deine Wangen. Berühre sanft deine Ohren … deinen Hals … und auch deine Haare. All das ist wunderschön … ein einzigartiger Ausdruck deines Selbst. Es ist vollkommen … denn du bist Gott in einem Menschenkleid. In jeder deiner Zellen wohnt … Gott.

Fühle die Dankbarkeit in dir, dass es dich gibt … dass du als Mensch diese Welt erfahren und erkunden kannst.

Fühle auch Dankbarkeit für dein Blut, das durch deinen Körper fließt. Dankbarkeit für deine inneren Organe, dass sie ganz von selbst und ohne Pause für dich arbeiten. Dankbarkeit für deinen Atem … denn er ist die Verbindung zu deiner Seele.

Mit dieser Dankbarkeit und Liebe von dir kann dein Körper noch viel besser für dich da sein. Es ist der Treibstoff, den er von dir braucht … die Motivation, seine Funktionen aufrecht zu erhalten.

Du hast es verdient, dich selbst zu lieben … so sehr verdient. Genieße es, so oft du kannst…

15. Dankbarkeit

Lege wieder eine Hand auf dein Herz und spüre die Verbindung zu deiner Seele. Lege die andere Hand auf deinen Bauch und atme dort hinein … jeder Atemzug bringt Energie in deinen Körper … pure kraftvolle Lebensenergie.

Nun kannst du deinen Körper liebevoll begrüßen … und ihm dafür danken, dass er für dich da ist, dass er dich durchs Leben trägt und dir viele wertvolle Erfahrungen ermöglicht.

Danke auch deinen einzelnen Organen, die ihre Arbeit ohne dein Zutun verrichten … Tag und Nacht … ohne Pause.

Deinem Herzen … das menschliche Zuhause deiner Gefühle und der Kontakt zu deiner Seele. Es schlägt in jedem Moment voller Liebe zu dir. Jetzt kannst du ihm Danke sagen.

Dein Blut … das durch deine Adern fließt und alle Organe perfekt mit Energie versorgt. Es transportiert ebenso deine Gefühle und ist ein Symbol für den Fluss in dir … für Bewegung. Ja, es ist ein wunderbares Transportsystem … dein Blutkreislauf. Und es geschieht ganz von allein, ohne dass du daran denken brauchst.

Du spürst das Vertrauen in deinen Körper … er weiß genau, was er für dich tun muss. Und er ist immer bereit, dir zu dienen.

Atme ein paar Mal tief ein und aus … und spüre ganz bewusst dabei die Dankbarkeit für deinen Körper, der in jedem Moment für dich da ist.

Deine Lungen … auch sie haben deine Dankbarkeit verdient. Sie transportieren reine Lebenskraft … hinein und hinaus. Sie sind auch ein Symbol für das Loslassen. Alles was dir nicht dient, darf jetzt gehen…. Alles was dich stärkt, darf kommen. Deine Lungen machen das ganz perfekt, ohne dass du es ihnen sagen brauchst. Und jetzt freuen sie sich über deine Liebe und deine Dankbarkeit … und sie bedanken sich mit noch mehr Lebenskraft.

Dein Magen, dein Darm … auch diese Organe freuen sich jetzt über deine Aufmerksamkeit, deine Liebe und deine Dankbarkeit. Sie nehmen Energie für dich auf … verwandeln sie … und transportieren sie an die richtigen Stellen, damit sie dir als Lebenskraft zur Verfügung steht. Sie lassen alles los, was du nicht brauchst.

Dein Verdauungssystem … es funktioniert in einzigartiger Weise. Es nimmt nicht nur deine Nahrung auf, verwertet sie … sondern auch deine Gefühle. Wenn du etwas nicht aussprichst, Gefühle nicht äußerst und lebst … dann liegen sie wie ein unverdauter Stein in deinem Magen. Er weiß dann nicht, was er damit tun soll…

Streichle jetzt in diesem Moment mal deinen Bauch … voller Liebe und Dankbarkeit … für all die Arbeit, die so perfekt ohne dein Zutun läuft. Diesem perfekten System in dir kannst du vollkommen vertrauen, denn es weiß immer, was es zu tun hat. Es wird alles tun, um dich am Leben zu erhalten. Denn dein Körper ist programmiert auf Gesundheit, auf Leben.

Deine Augen … mit ihnen kannst du die Schönheit dieser Welt betrachten … die Sonne, das Licht … das Lachen eines anderen Menschen, der dich voller Liebe ansieht. Fühle deine tiefe Dankbarkeit dafür…

Deine Ohren … mit ihnen kannst du wunderschöne Klänge genießen, die tief in deine Seele dringen … und dich manchmal an dein Seelen-Zuhause erinnern. Sei auch ihnen jetzt dankbar dafür…

Deine Nase … sie schenkt dir die Möglichkeit, Gerüche aufzunehmen. Sie ist ein Vermittler zu deinem Verdauungssystem. Ja, du kannst damit auch Schwingungen wahrnehmen … manchmal von Engeln, die in deiner Nähe sind. Fühle Dankbarkeit dafür … jetzt.

Dein Gehirn … ja, es hat ebenfalls deine Dankbarkeit verdient. Es ist mehr als nur ein Werkzeug. Es lässt dich diese Welt verstehen und ermöglicht dir, daran teilzuhaben … es lässt dich deine Ideen in wunderbarer Weise umsetzen.

Deine Beine … sie bringen dich an verschiedene Orte, sie halten dich in Bewegung, lassen dich weitergehen. Deine Arme … mit ihnen kannst du Dinge anfassen … fühlen … verändern … ihnen eine andere Form geben. Sei dankbar für deine Arme und Beine in ihrer wunderbaren Funktion. Danke diesem perfekten Zusammenspiel.

Dein Bewusstsein – ja, auch ihm kannst du jetzt danken. Denn es ist Gott in dir am nächsten … es trägt deine einzigartige Schöpferenergie, die du niemals verlieren kannst. Sie wird immer bleiben … auch ohne deinen Körper.

Atme noch einmal tief ein und aus … und fülle jede Zelle deines Körpers jetzt mit Dankbarkeit und Liebe…

16. Organstreicheln

Lege deine Hand auf dein Herz und beobachte deinen Herzschlag. Nimm die Liebe darin wahr … dein Herz schlägt nur für dich allein. Beobachte auch deinen Atem, das Ein und Aus … und sei dir bewusst: *ES* atmet dich … es ist die Verbindung zu deiner Seele.

Dein Körper hat ein wunderbares und perfektes Innenleben. Auch hier geschieht alles ohne dein Zutun, ganz von selbst. Und heute kannst du deine Liebe und Dankbarkeit auch deinen Organen schenken. Sie werden diese Energie mit Freude aufnehmen, um dir noch besser zu dienen. Ja, diese Aufmerksamkeit von dir ist purer Treibstoff für sie.

Wenn du deine Hand nun auf deinem Herzen spürst, dann stell dir einfach vor, dass du dein Herz in der Hand hältst … es liebevoll streichelst. Genieße diese Liebe … dieses wunderbare Zusammenspiel.

Lege deine Hand oder deine Hände nun auf die Körperstellen, wo deine Nieren sind. Stell dir vor, du hältst sie liebevoll und zärtlich in deinen Händen … voller Dankbarkeit für ihre wundervolle Funktion.

Auf der rechten Bauchseite kannst du deine Leber spüren und auch sie in deiner Vorstellung in deinen Händen halten und streicheln. Das wird ihr die Kraft geben, ihre wichtigen Funktionen für dich weiterhin zu erfüllen.

Oberhalb deines Bauches befindet sich dein Magen. Auch er freut sich, wenn du ihn jetzt in deiner Vorstellung liebevoll streichelst, ganz zart … und ihm dankst für seine unermüdliche und manchmal anstrengende Arbeit.

Ja, auch deinen Darm kannst du mit Streicheleinheiten verwöhnen. Es wird neu für ihn sein, genau wie für dich. Doch es wird ihm Energie geben für seinen außerordentlich wichtigen Dienst.

Jedes Organ, das dir nun in den Sinn kommt … ja, es meldet sich bei dir, weil es auch deine Zärtlichkeit und Liebe braucht. Streichle es liebevoll und lass es deine Dankbarkeit spüren für sein Dasein.

Du bist ein wunderbares, einzigartiges Wesen. Alles an dir ist perfekt und genau so richtig wie es gerade ist.

Atme dieses Bewusstsein tief in dich hinein … und fühle dafür tiefe Dankbarkeit in dir.

17. Ein Geschenk deiner Seele

Lege eine Hand auf deinen Herzbereich und sei dir der Liebe gewahr, die dort wohnt. Öffne deine Herzenstür und lass dein inneres Licht hell leuchten. Die andere Hand kannst du auf deinen Bauch legen, dort wo deine Emotionen gespeichert sind. Atme ruhig und sanft in deinen Bauch … spüre, wie er sich hebt und senkt. Sei ganz bei dir … im Hier und Jetzt.

Nun kannst du deine Seele begrüßen … und ihre Anwesenheit fühlen. Sie ist dir ganz nah … und sie hält dich … ganz sanft.

Deine Seele hat dir etwas mitgebracht … ein besonderes Geschenk. Es ist … dein eigenes Licht, das du vor dir selbst versteckt hast … weil du dich nicht getraut hast, es leuchten zu lassen. Fühle es nun … sieh es dir an. Öffne deine Hände und mach dich bereit, es zu empfangen…

Es ist jetzt an der Zeit, dein göttliches Licht, das du immer in dir getragen hast, hell erstrahlen zu lassen … direkt aus deinem Inneren heraus. Fühle seine Wärme … sein Licht … es ist heller als jede Sonne. Fühle deine eigene göttliche Kraft. Ja, da bist dieses Licht … das Licht in jede Dunkelheit bringen kann. Fühle es…

Bist du nun bereit, dieses Licht wieder strahlen zu lassen … ohne Einschränkung? Bist du bereit, deine Macht wieder anzunehmen … ohne jede Begrenzung? Willst du wahrhaftig hier auf der Erde sein?

Dann gibt es nichts, das dich aufhalten kann. Denn du bist dieses großartige Licht, das die Welt erhellt. Du strahlst heller als jeder Stern es könnte … wenn du dich nicht mehr versteckst vor dir selbst. Öffne dein Herz und zeige der Welt dein Licht … jetzt.

Wenn du einen Menschen triffst, dann öffne dein Herz und leuchte aus deinem Herzen heraus. Lass es hell und licht werden in der Welt … durch dich. Dehne dein Licht aus über alle Grenzen hinaus … bis ins Universum … und auch bis weit in die Vergangenheit. Dein Licht kann alles erlösen und dich frei machen. Ja, du bist in der Tat auch Gott. Du hast diese Kraft in dir, Licht in jedes Dunkel zu bringen. Es gibt keine Grenzen, keine Hindernisse … sie sind nur Illusion. Du bist frei … für dich selbst.

Lass dein Licht von nun an leuchten, überall hin. Die Liebe zu dir selbst wird es augenblicklich entzünden und weit strahlen lassen. Es gehört zu dir und es ist immer da … weil du da bist.

Bade in diesem Licht, das dir gehört … genieße es in Dankbarkeit für dein Sein.

18. Vereinigung mit deinem Zwilling

Lege eine Hand auf dein Herz und nimm Kontakt mit deiner Seele auf. Dort in deinem Herzen wohnt die Liebe … zu Allem was ist … und zu dir selbst.

Nimm ein paar ruhige Atemzüge … beobachte das Ein und Aus … und komm ganz bei dir an … mit jedem Atemzug mehr und mehr. Nur du bist jetzt wichtig und das Hier und Jetzt…

Jemand sehr Wichtiges möchte dir heute begegnen … sich mit dir vereinen. Es ist dein energetischer Zwilling … dein ICH BIN. Er steht nun direkt vor dir … und er sieht aus wie du.

Dieser Zwilling, der du bist, er lächelt dich an. Ja, er kennt dich sehr genau … wie kein anderer. Er kennt alles von dir … jedes Gefühl … jedes Erlebnis. Und er liebt dich über alle Maßen. Kannst du ihn willkommen heißen? Kannst du dich darauf einlassen, diesen Zwilling, dieses energetische Du … zu fühlen?

Jetzt möchte er wieder eins mit dir werden ... er möchte sich vollständig mit dir verbinden ... dich an seine Energie anschließen ... damit du dich vollständig fühlen kannst. Bist du bereit, diesen Zwilling, der du bist, jetzt zu umarmen? Kannst du ihm sagen, dass du ihn liebst ... genauso wie er dich liebt?

So lange hat er deine Liebe vermisst, denn du hast dich auf eine Reise begeben, die dich diesen Teil von dir vergessen ließ. Du wolltest Erfahrungen machen, ohne zu wissen, wer du wirklich bist. Doch nun kannst du vollständig Du sein, und trotzdem in deinem Spiel bleiben.

Du warst traurig, weil du deinen Zwilling vermisst hast. Du fühltest dich unvollkommen ... abgetrennt von dir selbst. Ja, das warst du in der Tat, doch nun kannst du wieder Alles sein...

Umarme diesen Zwilling voller Liebe ... und atmet euch gemeinsam in die Einheit. Er bringt dir mit jedem Atemzug die Energie von Zuhause mit ... hier in deine Welt. Fühle diese Energie, die deine ist ... fühle diese Stärke, die dir gehört ... fühle deine Vollkommenheit.

Dieser Zwilling von dir ist weder männlich noch weiblich, er ist beides in vollkommener Einheit. Auch deine Seele ist Alles ... sie enthält den männlichen und den weiblichen Teil gleichermaßen. Und es ist der Wunsch deiner Seele, deine Vollkommenheit jetzt anzunehmen ... und zu leben.

Es ist der Wunsch deiner Seele, die Freude auszudrücken ... durch dich. Es ist auch ihr Wunsch, dass du glücklich bist, in jedem Moment.

Deine Seele erinnert dich daran, dass du Gott bist … und dass dir alles möglich ist. Nimm deine Stärke, deine Kraft, deine grenzenlose Liebe jetzt an und mach sie dir und der Welt zum Geschenk.

Du bist niemals alleine … denn deine Seele begleitet dich voller Liebe in jedem Moment.

Schön, dass es dich gibt!

TEIL 5 - ANHANG

Nachdem du nun diesen Kurs im Alleingang absolviert hast, kann es sein, dass du dir vorkommst, als ob du gerade aus dem Schleudergang einer Waschmaschine kommst. Das ist nur allzu verständlich. Wer hat dir bisher schon gesagt, dass es dein angeborenes Lebensrecht ist, dich selbst zu lieben?

Als Baby bist du in diese Welt gekommen und hast gleich lautstark eingefordert, was du zum Leben brauchst. Doch dann machtest du die Erfahrung, dass dieses Verhalten alles andere als erwünscht ist. Und so fühltest du dich selbst unerwünscht und hast dich mehr und mehr deinem Umfeld angepasst.

Doch wo bist DU dabei geblieben, dieses einzigartige, wertvolle Wesen, das niemand anderem gleicht?

Jetzt kannst du ganz bewusst beginnen, dir selbst die Aufmerksamkeit zu geben, die du bisher im Außen gesucht hast.

Lass dir Zeit und erlaube dir einfach, die Liebes-Botschaften deiner Seele zu integrieren. Dein Verstand könnte ein wenig rebellieren, denn er war es schon viel zu lange anders gewohnt. Da er am liebsten in gewohnten Gefilden bleiben möchte, wird er dich noch eine Zeitlang in deine alten Verhaltensmuster zurückholen wollen.

Doch mal ehrlich, warst du damit glücklich? Möchtest du wirklich wieder zurück und dich abhängig fühlen von der Liebe anderer?

Ist es nicht viel schöner und erfüllender, die Liebe deiner Seele zu spüren? Je mehr du dich für die tiefe Liebe in deinem Inneren öffnen kannst, zu dir selbst, umso anziehender wirst du für andere Menschen. Sie spüren genau, ob du in deiner eigenen Kraft und Liebe stehst als ein souveränes Wesen – oder ob du ihre Energie „brauchst“. Das kann sie dann schnell auf Abstand gehen lassen.

Du hältst hier einen dreiteiligen, sehr intensiven Selbstliebekurs in der Hand, durch den viele Teilnehmer mit mir gemeinsam gegangen sind – insgesamt fünf Monate lang. Falls du den Wunsch nach einer Starthilfe oder Begleitung auf deinem Selbstliebeweg hast, dann biete ich dir zu den Themen dieses Buches ein spezielles Coaching an. Du findest es auf meiner Webseite und meinem Coachingblog.

Es ist Zeit, ab heute deine Potenziale zu leben, die du mit auf die Erde gebracht hast. Dazu gehört in erster Linie, dass du dich selbst als göttliches Wesen anerkennst und liebst. Du bist es wert!

Schön, dass es dich gibt!

Das sagten Teilnehmer des Selbstliebekurses

Hier teile ich mit dir einige sehr bewegende Gefühle von Teilnehmern während der Seminarwochen des Selbstliebekurses. Vielleicht findest du dich darin wieder. Gerne darfst du mir schreiben, wie es dir mit diesem Buch geht. Denn mir liegt sehr viel daran, dass du daraus den größten Nutzen für deine Selbstliebe mitnimmst.

Margrit schrieb nach der 2. Botschaft:

"Ich möchte Euch berichten, was ich heute erlebt habe, als ich so wie jeden Tag die neue wundervolle Botschaft durchgelesen habe. Ich fühlte zum ersten Mal, dass ich wirklich angekommen bin, dass ich wirklich mit meiner ganzen Schöpferenergie, die ich bin, in meinem Körper leben möchte. Ich habe meinen Körper und jede Zelle mit meiner Energie belebt. Das glaubte ich bis jetzt auch gemacht zu haben, doch so sehr habe ich es noch nie erlebt wie heute. Ich sah sogar weiße Energie sich abheben von meinen Füßen, während ich mich im Körper ausgebreitet habe… Ich habe heute eine ganz andere Einstellung zu meinem Körper bekommen, während ich die Botschaft durchgelesen habe."

Brigitte schrieb nach der 2. Botschaft:

„Ich möchte etwas, das ich heute mit der aktuellen Botschaft erlebt habe, mit euch teilen. Ich hab die Botschaft heute nicht nur gelesen, sondern habe versucht, sie auch zu FÜHLEN… Und da habe ich zum ersten Mal mich selber von innen wahrnehmen können, als einen Raum … einen Raum, der dann von der Sonne in mir ausgefüllt wurde … und diese Sonne strahlte durch mich hindurch und weit über unser Universum hinaus. Da konnte ich ein klein wenig von der Kraft und der Macht fühlen, die in mir steckt … und es war auch die unglaublich starke Angst vor dieser Kraft ganz deutlich da. Ich konnte aber gleichzeitig die Wärme der Sonne fühlen … das mächtige Wesen, das ich bin. (...) Für mich war es neu und ein wunderschönes Erlebnis … diese Kraft, die Wärme, die Weite … und ICH, die das alles erschafft und fühlt…“

André schrieb nach der 2. Botschaft:

„Gerade eben habe ich die neue Botschaft gelesen, und mir kamen dabei die Tränen. Das zeigt mir, dass ich die Botschaft ebenfalls nicht nur gelesen, sondern sie mit meinem Innersten – und den entsprechenden Emotionen – aufgenommen und darauf reagiert habe :-) Ich werde gleich noch mal versuchen, ganz in Ruhe die wärmende Sonne in meiner Seele scheinen zu lassen und meine Kräfte zu fühlen :-) Diese ‚Reise’ kann ja richtig spannend sein, was? Alles Liebe an dich und an alle, die dies lesen - André“

Birgit schrieb nach der 6. Botschaft (Ende Kurs 1):

"Meine Einstellung zum Tag ist in der Tat schon viel leichter geworden. Ich merke die Freude am Leben wieder. Auch zu meinem Mann ist wieder das Feuer entfacht. ;-) Den stressigen Alltag kann ich auch besser bewältigen und gräme mich nicht mehr so sehr um Dinge, die ich nicht geschafft habe."

Veronika schrieb nach der 10. Botschaft:

„JonaMo, das ist der Hammer, mir sind die Tränen gekommen. Ich bin so gerührt über diese Botschaft. Mir fehlen einfach die Worte...“

Gisela schrieb nach der 10. Botschaft:

„Am Sonnabend las ich das erste Mal diese neue Botschaft. Mir gefiel sie, ja die Herzen dazwischen, sehr schön. Aber sie berührte mich nicht so sehr… Am Montag las ich sie wieder –

und nun traf mich die Botschaft bis ins Innere!!! Die Tränen liefen ununterbrochen!!!“

Ulrike schrieb nach der 12. Botschaft (Ende Teil 2):

„Es tut mir endlos gut. Wunderschön, wenn es einmal nur um MICH geht."

Hanna schrieb nach der 12. Botschaft:

„Seit 2007 habe ich Online-Seminare gemacht und vieles gelesen, was mir geholfen hat, mich selbst besser zu erkennen und zu verstehen. Doch vorher war es nur Kopf-Wissen und es folgte meine Erkenntnis, dass auch meine Gefühle (nicht nur die von anderen Menschen) ihre Berechtigung haben und angenommen werden wollen. Seit dem Selbstliebe-Seminar 1+2 mit JonaMo wurden verdrängte und verhärtete Gefühle bei mir bewegt und aufgeweicht, so dass ich mich zunehmend freier und leichter fühle und ich mich beständig tiefer annehmen kann, wie ich heute bin. Danach will ich dann auch an dem 3. Teil der Selbstliebe-Trilogie teilnehmen, um die Selbstliebe zu mir weiter zu vertiefen und zu verstärken.“

Gerlinde schrieb nach der 12. Botschaft:

„Ja, ich bin auf dem Wege, mir endlich das Leben zu erschaffen, wegen dem ich hier bin und welches ich verdient habe! Es fühlt sich grandios an, die Macht zu spüren, die im Inneren präsent ist – in der Seele, im Herzen. Und ich entspanne, beobachte, fühle - als hätte ich dies noch nie getan.“

Rosemarie schrieb nach der 12. Botschaft:

„Das schönste Geschenk für mich in diesen Tagen ist, dass ich so tief und kraftvoll in mir spüre, dass ich in diesen Prozessen nicht verloren gehe – dass ich meine Identität nicht verliere. Diese Frage WER BIN ICH, wenn ich all das nicht mehr bin, wenn es nicht mehr existiert. ICH BIN VOLLKOMMEN. Ich liebe euch und ich danke dir, liebe JonaMo, ganz speziell DIR. Für deine so stille und doch so starke Präsenz."

Carola schrieb nach der 12. Botschaft:

„Ich bin selbst verwundert über meine neue, gewachsene Einstellung zu mir selbst. Ich kann zunehmend Stolz und Freude über neue liebevolle Gedanken und Handlungen zu mir selbst wahrnehmen."

Aloisia schrieb nach der Atemreise mit dem inneren Kind:

„Eins möchte ich dir dazu noch sagen… Ich hab während meiner Lebensberater-Ausbildung sehr viel über das innere Kind ‚gelernt', uns wurden Bücher dazu empfohlen, die ich natürlich auch zögerlich gelesen hab… Ich hab gelernt, wie ich bei mir und auch bei anderen Verletzungen des inneren Kindes heilen kann (Inner-Bonding) und trotz allem hab ich nie den richtigen Zugang zu meiner Kleinen gefunden … und den Kontakt ja auch immer wieder verloren… Jetzt wurde mir klar warum… Ich hab die LIEBE zu ihr nie entdeckt :-) … das war alles theoretisches Wissen … heilen kann aber einzig und allein nur die Liebe…!!!

Und das hast du, liebe JonaMo, in einer einzigen Atemsession geschafft… Ich hab diese Liebe entdeckt!!! Und ich hab die Liebe meines Kindes zu mir kennengelernt … auch das ist wunderschön … :-) und dafür drück und umarm ich dich aus vollem Herzen und sag DANKE … auch von meiner Kleinen…“

Betty schrieb nach der Atemreise mit den Anteilen:

„Dir, liebe JonaMo, herzlichen Dank für das Atmen, das ist eine ganz neue Erfahrung für mich. Ich kann Anteile in mir wahrnehmen, die zwar immer schon in mir sind, die ich aber noch nie gespürt hab. Das Vertrauen und die Klarheit sind auch sofort wieder da, wenn ich bewusst dahin fühle… Dann bin ich ganz im Jetzt und kann die Kraft spüren, die in mir steckt, und das fühlt sich total gut an :-))) Ich find das Chat-Atmen super!!!!!“ (Anmerkung: Die Atemreisen während des Kurses fanden im Chatraum statt.)

Karin schrieb nach der Atemreise mit den Anteilen:

„Ich hab das Atmen gestern als sehr kraftvoll empfunden und mir wurde bewusst, wie wenig ich all diese Aspekte, die ja IN mir sind, lebe … wie wenig ich dieses Potenzial, das ich mir mitgebracht habe, nutze… Ja, es war mir nicht einmal bewusst, dass all dies, was ich an anderen oft so bewundert habe, auch IN mir ist…ALLES ist IN mir… DANKE dafür :-)“

Miriam schrieb während des Selbstliebekurses Teil 3:

„Mir wird immer mehr bewusst, dass mein Körper mein Zuhause ist, dass ich in ihm lebe und dass er auch Gott IST. Und dass der Körper der Ausdruck unserer Göttlichkeit ist und somit gelebte Göttlichkeit. Da ist noch mehr an Erkenntnis, doch die Worte kommen nicht in den Kopf… Ich spüre, dass das der wichtigste Schritt bei der Selbstliebe ist: den Körper voll und ganz anzunehmen, ihn zu lieben und zu ehren, ihm

Gutes zu tun. Dass ER göttlich ist und die Verschmelzung mit MIR selbst geht nicht ohne Körper."

Barbara schrieb während des Selbstliebekurses Teil 3:

„Wow, was soll ich sagen. Ich erzähl's euch einfach mal. Ich hab gestern seit langem einmal den Wunsch gehabt, mich mit 2 ‚Freundinnen' zu treffen. Wir hatten schon lange keinen Kontakt mehr. Es war ein wundervoller Abend. Er war gefüllt mit allem, was ich heute in der Botschaft gelesen habe. Es war eine so unbeschreiblich schöne, fröhliche, füllige, weibliche, kraftvolle Energie da. Wir sind von Gänsehaut über kindische Lachattacken in zu Tränen gerührte Phasen gewandelt – unbeschreiblich.

Also diese Botschaft von heute war gestern so lebendig, so gelebt ... und eine tiefe Dankbarkeit und Freude durchflutet mich – weil ich es nicht nur verstehe, sondern in jeder Faser meines Seins spüre. Ich kann wirklich nur mehr staunen über all das, was in mir ist, über all das, was jetzt einfach sein kann, über all das, was ich für mich empfinde – und somit für alles was ist. Mein Leben ist so schöööööön. Es gibt keine Worte, aber ihr könnt es fühlen, das weiß ich. Ich danke dir, liebe JonaMo – so viel hast du durch dein Sein in mir geweckt. Ich umarme euch beide ganz lieb..."

Helga schrieb während des Selbstliebekurses Teil 3:

„... Dann hatte ich plötzlich das Gefühl ‚ich möchte mich jetzt streicheln' – klingt komisch. Aber es war soooooo schön, ich war nur mehr Liebe, Zärtlichkeit, Staunen – wow, echt unbeschreiblich. Und dann hörte ich die Worte in mir: ich segne dich. Und da kam ein Schmerz, wirklich ein Urschmerz, ein Schrei … (ich kann es nicht beschreiben) in mir hoch. Ich warf mich in meine Arme, weinte und plötzlich war alles ganz KLAR. Es war keine Ahnung oder so ein zartes Gefühl – es war so absolut da (ohne Zweifel): ICH BIN NICHT ALLEINE. Und ich war ganz schnell in so einer tiefen Freude in mir, so erfüllt, so dankbar, und in meinen Armen bin ich eingeschlafen – und NICHTS auf dieser Welt kann dies ersetzen. Schön, dass ich dieses Seminar mache, schön mit euch zu sein."

Hildegard schrieb nach der 16. Botschaft:

„Ich spreche normalerweise schnell, doch die folgenden Worte sage ich mal ganz langsam: Oh – mein – Gott … der ICH BIN. Ich habe eben die Botschaft noch mal gelesen und mir liefen die Tränen. Ich wurde ganz weich. Ich sah ein Puzzle vor mir … und die Teilchen kamen immer neu dazu."

Helga schrieb am Ende aller 3 Selbstliebekurse:

"Was ich bis jetzt nicht entdeckt habe, war die Liebe meiner Seele zu mir, und aus dieser heraus ergibt sich erst ein Gefühl des Geliebtwerdens und aus diesem wiederum erst die Selbstliebe – zumindest habe ich es so erfahren, erlebt, empfunden und gefühlt. Die Selbstliebe ist Stufe drei und nicht Stufe eins, daher konnte ich sie auch nie finden und habe sie auch nie richtig verstanden, und ich habe bis heute auch noch nie und noch nirgends eine Definition für Selbstliebe gefunden. Heute Morgen habe ich sie mir selbst erklärt. Auf jeden Fall recht, recht herzlichen Dank für Deine Begleitung! Denn sie hat mich auf meinem schon jahrelang andauernden Weg auf der Suche nach Selbstliebe endlich an mein Ziel gebracht! Dir gebührt unendlicher Dank, denn das ist ein Riesenmeilenstein in meinem Leben!"

Marion schrieb am Ende aller 3 Selbstliebekurse:

„Ja, es hat sich was verändert. Ich bin näher zu mir gekommen. Ich kann mich mit dem ganzen Körper wahrnehmen. Ich kann Teile an mir annehmen (vom Körper … die ich bisher ablehnte). Der Satz half mir sehr: Wie würde sich ein Gast fühlen, den man nicht willkommen heißt? Und so fühlen ja auch die Teile am Körper, die man ev. nicht so akzeptierte. Auch das JA zum IST (egal wie eine Situation grad ist) … kommt viel schneller zustande. Die Widerstände legen sich. ES GEHT VORAN … wow, FREUDE zieht ein. Die Botschaft 6 ist sehr herzberührend … und arbeitet noch weiter mit mir."

Nachwort von JonaMo

Im März 1954 bin ich in diese Welt gekommen und bekam den Namen Monika. Während ich das Buch „Mühelos“ schrieb, sah ich plötzlich vor meinem inneren Auge ganz klar das Cover – mit Bild und Autorenname. Doch da stand ein ganz anderer Name als meiner. Meine Seele erklärte es mir so, dass JonaMo eine Verbindung ausdrückt zwischen meinem menschlichem und meinem göttlichen Sein. Monika wäre nur eine Rolle, die ich in diesem Leben spiele. In meiner Arbeit jedoch greife ich auf mein gesamtes Seelenpotenzial zu, das ich in der Energie als JonaMo verkörpere. Was interessant dabei ist, nie zuvor hatte ich das Bedürfnis, meinen Namen zu ändern. Mit JonaMo jedoch fühlte ich mich sofort wohl.

Die Frage nach dem Sinn meines Lebens hat mich schon sehr früh beschäftigt. Sie führte mich durch viele Lebens- und Sinnkrisen. Dabei lernte ich eine Reihe von esoterischen Praktiken kennen, die mich jedoch nicht wirklich erfüllten. Bis ich durch einen geistigen Lehrer (Tobias) erkannte: Alles, was ich im Außen suchte, befand sich längst in mir selbst.

Von da an änderte sich mein Leben schlagartig. Vor allem mein Selbstbewusstsein erfuhr eine völlige Verwandlung. Ja, ich wurde mir in vollem Umfang meines Selbst bewusst. Und das heißt auch, dass die volle Verantwortung für mein eigenes Leben und vor allem mein eigenes Glück in meinen eigenen Händen liegt. Diese Tatsache wirklich anzuerkennen, war wohl einer meiner größten Schritte im Leben und wohl auch die größte Hürde, die ich nahm.

Seitdem werde ich so perfekt von meiner Seele geführt, dass ich immer wieder nur staunen kann. Längst hat mein Verstand sich daran gewöhnt und diese Führung anerkannt. Er weiß, er könnte es nicht annähernd so gut. Ein Ergebnis der Inspirationen meiner Seele hältst du gerade in Händen.

Meine Arbeit mit Klienten habe ich in keiner irdischen Schule gelernt. Ich vertraue dabei gänzlich meiner Seele, denn sie weiß immer die besten Antworten. Ja, sie kennt auch die Seele der Menschen, die den Weg zu mir finden. Denn auf der geistigen Ebene sind wir alle mit einander verbunden. Wir sind in der Tat eins.

Meine Seelenaufgabe, meine große Passion ist es, Menschen in ihre eigene innere Kraft zu begleiten, in das Bewusstsein und die Liebe zu sich selbst ... und sie in Kontakt zu bringen mit ihrer Seelenenergie. Was ich dabei immer wieder erleben darf, ist unbeschreiblich schön und berührend. Für jede dieser Begegnungen von Seele zu Seele – von Gott zu Gott – bin ich unendlich und zutiefst dankbar.

Ich würde mich sehr freuen, auch dir eines Tages zu begegnen! Unsere Seelen kennen sich längst...

Von Herzen und in Liebe zu dir, zu mir und zu Allem was ist.

JonaMo

Meine Angebote für dich

Wenn du mein Buch „Mühelos“ kennst, wirst du bemerken, dass sich meine Angebote gewandelt haben. Ja, sie haben sich weiterentwickelt, genau wie ich. Einen der früheren Onlinekurse hältst du gerade in Händen. Einige meiner Angebote habe ich erweitert, wie du gleich sehen wirst. Das betrifft auch meine künstlerische Seite, die ich mit großer Freude lebe.

Neu hinzugekommen ist die Arbeit mit den Quanten, das Matrixen, wie ich es gerne nenne. Es ist für mich eines der größten Geschenke in meinem Leben, dass meine Seele mich zu dieser phänomenalen Möglichkeit geführt hat. Seitdem biete ich meinen Klienten mit dem Matrixcoaching oder der Matrix-Korrektur eine wunderbare Möglichkeit der Transformation aller Lebensthemen an. Dies geschieht zudem so leicht und mühelos, dass man es oft kaum glauben kann.

Mein bester Lehrer war das Leben selbst. Denn wie könnte ich andere Menschen, zum Beispiel dich verstehen, wenn ich es nicht selbst erlebt hätte? Auch wenn es sich verrückt anhören mag, ich bin inzwischen dankbar für jede einzelne meiner Erfahrungen. Und von denen gab es wirklich reichlich in meinem Leben. Es gab kaum eine Tiefe, die ich ausgelassen habe.

Aus meinen eigenen Erlebnissen und Erkenntnissen heraus kann ich dir versichern: Das was ich geschafft habe, das kannst du auch! Wer mich bis zum Alter von 34 Jahren gekannt hat, würde mich heute nicht mehr wiedererkennen. Und genau diese Verwandlung ist auch dir möglich.

Wenn du in deinem Leben endlich glücklich sein und deine Seele zum Ausdruck bringen willst, kannst du heute noch beginnen. Es gibt niemals ein „zu spät" oder „es geht nicht" – egal wie alt du bist! Doch es gibt etwas, das du mitnimmst, wenn du einst deinen Körper verlässt: es ist dein Bewusstsein.

Was möchtest du in diesem Leben noch gerne tun? Was möchtest du noch erleben? Was möchtest du sein? Worauf möchtest du am Ende deines Lebens zurückblicken? Worauf möchtest du stolz sein? Ich verrate dir mal was. Du kannst jetzt schon stolz sein auf dich, denn du bist auf dem besten Weg, die Liebe zu dir selbst wiederzufinden. Sonst hättest du sicher nicht bis hierher gelesen. ☺

Wenn du noch einen Schritt weitergehen willst und dabei Unterstützung brauchst, bin ich sehr gerne für dich da. Die ausführliche Beschreibung der folgenden Angebote findest du auf den angegebenen Webseiten.

Begleitung zur Selbstliebe

Speziell für die Leser dieses Buches biete ich eine Selbstliebe-Begleitung an. Aus Erfahrung weiß ich, dass es sehr hilfreich ist, einen Coach, einen Begleiter an seiner Seite zu haben, der einen versteht und in den verschiedenen Prozessen unterstützt. Jemanden, der nicht selber drin steckt und deshalb von Außen wertvolle, hilfreiche Impulse geben kann. Du findest mein Spezialangebot zum Selbstliebekurs auf der Seite www.jonamo.de/selbstliebe.

Matrixcoaching und Matrix-Korrektur

In deiner Matrix ist alles aufgezeichnet, was du jemals erlebt, gedacht, gesagt und gefühlt hast. Das betrifft nicht nur dieses Leben, sondern alle Potenziale deiner Seele. Ebenfalls sind hier alle Möglichkeiten vorhanden, auch die, die du nicht gelebt hast, weil du einen anderen Weg gewählt hast.

Diese Möglichkeiten sind für dich verfügbar. Genau wie in einem Computer, können hier Veränderungen bzw. Korrekturen vorgenommen werden. Erlebnisse beispielsweise, die blockierende Gefühle ausgelöst haben, lassen sich transformieren. Glaubenssätze, die zum Beispiel Erfolg und Fülle verhindern, können in der Matrix umprogrammiert oder gelöscht werden, einfach und mühelos.

Das wirklich Phänomenale und zugleich Wunderbare ist, dass hier niemals etwas geschehen kann, was deine Seele nicht erlaubt. Alles wird allein von deiner Seele gesteuert, nicht von mir oder uns. Und deshalb kann es immer nur zum besten Ergebnis führen. Dessen kannst du dir vollkommen sicher sein. Meine Funktion ist quasi die eines Beobachters und Vermittlers. Ich werde niemals meine Energien auf dich übertragen, sondern höchstens deine eigenen aktivieren. Das schließt somit ganz von selbst jegliche Manipulation aus.

Weitere Infos hierzu und die aktuellen Termine unserer Matrix-Specials findest du auf unserer gemeinsamen Webseite www.matrix-korrektur.de. Auch im Coaching beziehe ich gerne die Fernmatrix mit ein, was die Transformation von Lebensthemen wesentlich erleichtert und unterstützt.

Coaching – Begleitung auf deinem Weg

Im Coaching begleite ich dich mit liebevollem Verständnis, wenn du ein Lebensthema verändern willst. Die unterschiedlichen Möglichkeiten findest du auf meiner Coachingseite coaching.jonamo.de. Dort kannst du dir zusätzlich in meinen Blogartikeln viele hilfreiche Tipps mitnehmen, die dein Leben leichter und bewusster machen. Auch einige Gespräche mit meiner Seele sind dabei.

„Raus aus der Tretmühle!" – in 52 Schritten

In dieser Jahresbegleitung für Schöpfer – ich nenne sie gerne auch die „Schöpfer-Challenge" – bekommst du ein ganzes Jahr lang jede Woche eine Email von mir in dein Postfach. Darin findest du eine wöchentliche Spielaufgabe, die du spielerisch leicht in deinen Alltag integrieren kannst. Ja, deine Seele liebt es, zu spielen! Das hat den Vorteil, dass du ganz mühelos in ein neues Bewusstsein von dir selbst geführt wirst und dein

Leben sich auf sanfte Weise Schritt für Schritt verändert. Du kommst buchstäblich raus aus deiner bisherigen Tretmühle.

Da wir Jahrzehnte lang von unserer Außenwelt konditioniert und programmiert wurden, wird eine dauerhafte Veränderung am besten und leichtesten durch ein kontinuierliches Training erreicht. Genau das bekommst du in dieser Jahresbegleitung. Vor allem bleibst du durch die wöchentliche Post von mir am Ball. Nur so kann sich wirklich etwas ändern und Freiheit, Erfolg, Fülle, Freude und Leichtigkeit in dein Leben einziehen. Alleine holt uns ja doch immer wieder der innere Schweinehund ein, der zur Bequemlichkeit neigt und alles so behalten will, wie es ist. Ab jetzt ist damit Schluss, wenn du es willst.

Die Preise habe ich bewusst so gestaltet, dass jeder daran teilnehmen kann. Das Coaching oder auch die Fernmatrix kann hier zum Vorzugspreis ganz nach deinem persönlichen Bedürfnis dazugebucht werden. Du findest diese spielerische Jahresbegleitung auf der Seite www.jonamo.de/challenge.

BewusstseinsSchule der neuen Zeit

Hier wirst du in einem Video von mir begrüßt und findest verschiedene Online-Angebote, die dich auf deinem Weg begleiten können. Zum Beispiel kannst du lernen, deine innere Stimme zu trainieren oder den Traum deiner Seele zu leben. In der Mediathek kannst du dir wunderschöne Videos ansehen, zum Beispiel die Monatsbotschaften und die Seelen-Impulse.

Im Mitgliederbereich gibt es noch weitere Möglichkeiten, zum Beispiel alle Monatsbotschaften als Text, die Hörbücher der Monatsbotschaften, die Schatztruhe und einiges mehr. Wie du in den Mitgliederbereich kommst, erfährst du auf der Seite bewusstseinsschule.jonamo.de.

Ich betrachte mich übrigens keineswegs als einen Lehrer nach dem üblichen Verständnis, sondern teile gerne als liebevoller Begleiter meine eigenen Erfahrungen und Erkenntnisse mit dir. Jeder Mensch ist für mich auch Gott oder anders gesagt ein großartiger Schöpfer, und auf dieser Ebene begegnen wir uns sozusagen von Gott zu Gott.

GlücksSteine mit einer Botschaft deiner Seele

Die GlücksSteine sind auch eine Inspiration meiner Seele. Ich hole sie von einem ganz besonderen Ort, der sehr viel Befreiungsenergie verkörpert. Du kannst dich und andere Menschen, die du liebst, mit diesem kleinen Begleiter beschenken. Er wird beschriftet mit einer ganz persönlichen kleinen Botschaft für den Empfänger – einem motivierenden Schlüsselsatz für den momentanen Lebensweg. Die GlücksSteine haben zusätzlich eine sehr schöne Funktion: Du wirst damit wieder an die Verbindung zu deiner Seele erinnert.

Jeder GlücksStein – ebenso wie ein SeelenStein, DankeStein, LiebesStein oder WillkommensStein – hat eine kleine, handliche Größe, so dass er leicht überall hin mitgenommen werden kann. Mehr zur Bedeutung dieser Steine und wie du sie bestellen kannst, findest du auf meiner Seite www.jona-mo.de.

Energiebilder und Mandalas

Eine Vielzahl von Energiebildern und vor allem EnergieMandalas findest du ebenfalls auf meiner Künstlerseite. Du kannst sie dir in verschiedenen Druckvarianten bestellen – als Poster, auf Leinwand mit Keilrahmen, als EnergieKissen und als Kalender, mit dem du dich durchs Jahr begleiten lassen kannst. Lass dich einfach von deiner Seele zu den Bildern führen, die auf deinem Weg gerade heilsam und förderlich sind. Sie werden deine Räume mit wohltuender Energie erfüllen und beim Betrachten Lebensfreude und Geborgenheit wecken.

Botschaften deiner Seele

Wenn du möchtest, dass ich mit deiner Seele Kontakt aufnehme, dann schick mir einfach deine Frage per Email. Ich verbinde mich dann gerne von Seele zu Seele mit ihr und lass sie für dich schreiben. Mehr zu diesem Angebot findest du auf der Seite gott-in-dir.de oder auf botschaften-deiner-seele.de.

Webinare und Atemreisen

Einen Webinarraum kannst du zu Hause in deinem Wohnzimmer betreten und von dort aus an einem Seminar teilnehmen. Auf diesem Weg biete ich dir zum Beispiel verschiedene Atemreisen oder ein Einzelgespräch an. Ebenso kannst du so auch das Matrixen lernen, ganz bequem zu Hause vor deinem Computer. Einige der Webinare sind bereits als Video verfügbar. Aktuelle Webinar-Angebote findest du in meiner Akademie bei edudip auf www.edudip.com/academy/JonaMo.

Danksagung

Ganz besonders möchte ich an dieser Stelle meiner Seele Danke sagen. Ohne ihre perfekte Führung würde es dieses wunderbare und hilfreiche Buch jetzt nicht geben. Ich weiß, sie hat den größeren Überblick als mein menschliches Sein und ich vertraue ihr deshalb in jedem Augenblick.

Auch dem liebevollen Begleiter an meiner Seite möchte ich hier danken, meinem Mann Peter. Er lässt mich seit 26 Jahren in Liebe meinen Weg gehen, so dass ich mich auch in einer glücklichen Partnerschaft immer vollkommen frei fühlen kann. Das empfinde ich als ein sehr großes Geschenk in diesem Leben. Ich danke Peter ebenfalls von Herzen für die Unterstützung bei der digitalen Erstellung des Buchcovers und für die Verwandlung vieler Botschaften in wunderschöne Videopräsentationen … und einfach dafür, dass er da ist.

An dieser Stelle habe ich das Bedürfnis, jedem einzelnen Menschenengel zu danken, der in meinem Leben eine Rolle gespielt hat – ganz gleich auf welche Weise. Nur so kann und konnte ich sehen, was in mir steckt. Jede Begegnung war für mich äußerst wertvoll und hat mein Leben bereichert.

Natürlich bin ich mir selbst auch dankbar für mein Leben, dafür dass ich in dieser besonderen Zeit hier auf der Erde bin und dass ich dabei mitwirken kann, ein neues Paradigma für uns alle zu erschaffen. Ein Paradigma der Freude, des Friedens, der Fülle und der Liebe.

Und auch dir bin ich von Herzen dankbar, dass du dieses Buch gelesen hast! Schön, dass es dich gibt!

Von Herzen und in Liebe

JonaMo

Webseiten von JonaMo:

- ⇨ jona-mo.de (Autoren- und Künstlerseite)
- ⇨ botschaften-deiner-seele.de (entsteht gerade neu)
- ⇨ gott-in-dir.de (Monatsbotschaften)
- ⇨ jonamo.de
- ⇨ bewusstseinsschule.jonamo.de
- ⇨ coaching.jonamo.de
- ⇨ matrix-korrektur.de

JonaMo bei facebook:

- ⇨ www.facebook.com/jonamo19

Von JonaMo bisher erschienen:

- ⇨ Buch: Mühelos … das Schöpferspiel beginnt,
  2007 im Froh&Frei Verlag – ISBN 978-3-939881-26-1
- ⇨ Jahreskalender: Energien für Mutter Erde,
  im Verlag Calvendo – in 3 verschiedenen Größen